THE

真心話

真心指數 ——
誠實指數 ——

？大考驗

TRUTH

www.foreverbooks.com.tw

yungjiuh@ms45.hinet.net

輕鬆生活館系列 **38**

真心話大考驗

編　　著	葉汶珊
出 版 者	大拓文化事業有限公司
責任編輯	賴美君
封面設計	林鈺恆
美術編輯	鄭孝儀

總 經 銷	永續圖書有限公司
	TEL ／(02)86473663
	FAX ／(02)86473660
劃撥帳號	18669219
地　　址	22103 新北市汐止區大同路三段 194 號 9 樓之 1
	TEL ／(02)86473663
	FAX ／(02)86473660
出 版 日	2022 年 03 月

法律顧問	方圓法律事務所　涂成樞律師
	TEL ／(02)27239968
	FAX ／(02)27239668

掃描填回函
好書隨時抽

真心話大考驗／葉汶珊編著. --初版.
--新北市 ： 大拓文化，民 111.03
面；　公分. --（輕鬆生活館系列：38）
ISBN　978-986-411-156-5(平裝)
1.CST: 心理測驗
179.1　　　　　　　　　　110022787

前言

　　心理遊戲是一種比較先進的測試方法，它是指透過一系列手段，以遊戲、測試的狀態，在自然狀態下將人的某些心理特徵數量化，來衡量人的智力水平和個性方面差異的一種科學測試方法。心理遊戲由於其趣味性強、靈活性高、個性化突出、形象化逼真等特徵，起到了輔助和彌補團體心理諮詢中不足的作用，在解決諮詢者的問題時起到「四兩撥千斤」的效果，發揮畫龍點睛的作用。

　　但是，似乎很多人對心理遊戲的認識還很局限，僅僅認為那是一種娛樂，一種打發時間的工具。其實不然，很多企業、個人用來短時間內評價自我、認識他人的有力方法。從一些簡單的做法、選擇中我們就可以瞭解到別人的真實想法，知道自己潛在的意識，給自己的未來開創一條燦爛的大道。

　　心理測驗現在做得越來越精巧和嚴謹，但是心理

測驗多數都是基於一種統計的假設，準確一點的說，大概對於80%左右的人可能是有價值的。不管你是就學中的學生還是初入社會的新手，又或者你是職場的上班族、管理幹部……，心理測驗對一個人人格傾向和個性心理特徵有一個全面的瞭解；心理健康狀況測試，反映被試者近期的心態，有無心理疾病症狀；氣質測試，瞭解神經系統類型、遺傳特徵和對外界反應的特點；智力測試，反映一個人的思維能力和創造能力；興趣測試，興趣愛好可反映一個人的潛能和預測發展前景；人際關係測試，瞭解被試人的交際能力、公關能力與合群性等。

人在生活中其實有很多問題需要解決，越往高處問題也就越多，怎麼去解決？認真地瞭解這些心理遊戲和心理測驗，你就可以解開心裡的疑惑，避免不必要的麻煩。本書詳盡地為你提供了全方位的心理測驗與遊戲，讓你輕輕鬆鬆的做完測試，瞭解問題的癥結所在。

真心話
大考驗

愛情與友情的心理遊戲

1、立即寫下你想到的第一個阿拉伯數字

2、再寫下你想到的第二個阿拉伯數字

3、此刻想到你戀人的名字

4、此刻想到你朋友的名字

5、再寫下你想到的第二個朋友的名字

6、再寫下你想到的第三個朋友的名字

7、你現在又想到你戀人的名字(可以不同於第三題)

8、此刻想到一首歌曲的名字

9、再想到一首歌曲的名字

10、第三首歌的名字

11、第四首歌的名字

然後，在心裡許一個願望……

1：天數

2：人數(你在最後許下的願望，將在多少天內，
　　跟多少人，才能實現)

3：你跟此戀人目前的關係，請看第八題

4：最重要的朋友

5：最瞭解自己的朋友

6：可以帶給自己幸運的朋友

7：你跟此戀人的關係，請看第九題

8：你對問題3的戀人的心情

9：你對問題7的戀人的心情

10：你目前的心情

11：你目前的性愛態度

02.

你為什麼交不到男朋友

　　你想交男朋友嗎？一直都交不到男朋友嗎？是否常覺得自己條件還不錯，可是卻乏人問津？你知道自己容易有怎樣的交友障礙嗎？做個小測驗，也許你會恍然大悟。

　　請將每題得到的分數加起來，再對照最後的結果。

1、平常是否喜歡看手機雜誌？

☐ A、有啊，我都會買，超喜歡看 (1分)

☐ B、朋友如果有買就借來翻翻 (3分)

☐ C、很少吧，平常很少看這種報刊 (5分)

2、請問目前有做髮型設計嗎？

□ A、有啊，我有到專門的設計店去設計過 (1分)

□ B、沒有，頂多只是染染頭髮而已 (3分)

□ C、沒有，整理整齊好看就可以了 (5分)

3、平常是否有吃一些小零嘴的習慣？

□ A、有啊，我嘴巴常常動不停地吃零嘴 (1分)

□ B、不多，不過擔心身材 (3分)

□ C、很少，我不怎麼喜歡吃零嘴 (5分)

4、覺得自己是不是一個很愛花錢的女人？

□ A、是啊，常常禁不住慾望就拚命花 (1分)

□ B、偶爾，有時會忽然抓狂亂花 (3分)

□ C、應該不會，我是喜歡存錢的女人 (5分)

5、學生時代是否有打工的經驗？

□ A、有，我多半是到便利商店較多 (1分)

□ B、沒有 (3分)

□ C、有，我會找家教或補習班 (5分)

6、你會當故事中的哪個女主角？

☐ A、被王子親吻的白雪公主 (1分)

☐ B、麻雀變鳳凰的灰姑娘 (3分)

☐ C、被王子拯救的睡美人 (5分)

7、房間的佈置通常是怎樣的情況呢？

☐ A、放了不少自己心愛的東西，亂亂可愛的小窩 (1分)

☐ B、比較偏向單一色系的窩 (3分)

☐ C、東西不多，看起來清潔整齊 (5分)

8、平常運動的時間多嗎？

☐ A、蠻多的，有時會打球或上健身房 (1分)

☐ B、不多，不過基本上我蠻好動的 (3分)

☐ C、不多，我靜態的活動會比較多 (5分)

9、如果突然在路上撿到一筆錢，這時候你會？

☐ A、當然拿來自己用，可以買很多東西 (1分)

☐ B、雖然心動，不過可能會把它交給警察吧 (3分)

☐ C、不知道怎麼辦，找親朋好友想辦法 (5分)

10、你覺得男朋友的年紀最好是？

☐ A、最好比我小，我不太喜歡被人管 (1分)

☐ B、最好比我大，因為他們會比較成熟 (3分)

☐ C、大小無所謂，只要愛我就可以了 (5分)

10～20分：你的原因出自於「眼光高」

你本身的條件不錯，追求你的男人也不少，只是你總是慾求不滿，好還要更好，期待一個條件更好的男人來追求你。雖然追求者也有人能讓你心動，只是他們的某些缺點讓你無法接受。使得你雖然有異性青睞，卻也只能夜夜獨守空閨。

建議：幸福通常只因為要求不高。誰不希望自己的白馬王子是完美無瑕？只是這樣的要求總有點不切實際。好好用心去經營一段感情，你會發覺愛情的溫馨和美麗。

21～30分：你的原因出自於「矜持」

你不是沒機會，你的條件也很好，壞就壞在你沒事喜歡矜持。女人總是喜歡被捧在手掌心上，總是希

望心儀的他可以再多付出一點，總是希望他能通過你的重重考驗。偏偏每個來追求的人總選擇半途而廢，讓愛情的春天遲遲無法降臨到你身邊。

建議：矜持是女人的專利，可是也要尊重顧慮到男方的感受。太過頭可能變成刁難，你的快樂竟是建立在別人的痛苦之上。如果苦戀遲遲沒有進展，他當然會選擇離去。

31～40分：你的原因出自於「做作」

你習慣在異性朋友面前耍酷，總是表現自己冷酷的一面，卻忘了展現自己那顆溫柔敏銳的心。尤其在喜歡的人面前，你更會讓他誤會你不喜歡他，甚至討厭他，雖然你心裡極端不想要這樣的自己，可是你的所作所為卻只會讓你們漸行漸遠。

建議：喜歡一個人就該讓他知道，又要馬兒跑又要馬兒不吃草換來的只是一次又一次的懊悔難過。你只願意付出五分感情，就別太渴望對方拿出十分來愛你。

41～50分：你的原因出自於「自卑」

你對自己沒什麼自信，也不太愛打扮自己，給人的感覺總是很乖內向又文靜，也像是躲在角落旁邊的

醜小鴨。你很少跟異性相處,尤其跟心儀的他每次講話都會緊張甚至有點排斥。導致人家就算真的對你有感覺,可能也不敢付諸行動。

建議:不要封閉自己的心,也不要錯把友情誤認為愛情。會錯意的結果除了讓自己痛苦,也會讓對方感到困擾。愛情可以順其自然,是從平凡中慢慢產生與建立的。

03.
為什麼你找不到女朋友

1、平常一個人無聊時,你多半會到哪裡逛逛呢?

□ A、到鬧區人多的地方看看順便看辣妹 (1分)

□ B、點杯果汁就可以坐下來看書的地方 (3分)

□ C、不知道,可能騎/開車到處亂跑 (5分)

2、有沒有特別喜歡的電視明星？

□A、有，我是某某某的超超超忠實粉絲 (1分)

□B、有，不過我喜歡的對象同時有好幾個 (3分)

□C、有，不過多半欣賞他們的才藝或特質比較多
(5分)

3、(承上題)如果有機會，會想追你喜歡的那個明星嗎？

□A、一定會，我超喜歡和他做男女朋友的 (1分)

□B、應該會吧，不過要多多瞭解她的生活圈才是
(3分)

□C、應該不會，感覺像兩個不同世界的人 (5分)

4、對自己在工作上的表現期許通常是如何呢？

□A、靠努力，埋頭苦幹總有一天會有人看到 (1分)

□B、靠實力，有能力的人不怕失業沒飯吃 (3分)

□C、靠威力，讓自己在一瞬間給公司很深刻的
印象 (5分)

5、跟朋友出去，你的意見特別多嗎？

□A、很少啊，我通常都是比較隨和的傾聽者 (1分)

□B、會建議，不過還是大家一起討論吧 (3分)

□C、我蠻聒噪的，人家也多半都聽我的 (5分)

6、人家認為你講話都很大聲嗎？

☐ A、不會，很多人還覺得我太小聲 (1分)

☐ B、應該不會，好像很少有人這麼說我 (3分)

☐ C、會啊，有時候比較high就不自覺提高音量 (5分)

7、平常是否喜歡弄一些有的沒的小玩意？

☐ A、沒錯，雖然很幼稚不過我又沒傷害到別人 (1分)

☐ B、不多，突然心血來潮才會那麼做 (3分)

☐ C、很少的，其實我很少觸碰正業以外的東西 (5分)

8、會不會有在婚前花心、婚後再收斂的想法？

☐ A、還是不敢，男人還是不要太花心的好 (1分)

☐ B、如果是很有感覺的對象，會看情況 (3分)

☐ C、應該可能會吧，只要我婚後對她很專情即可 (5分)

9、希望自己的愛情，最好有怎樣的開始？

□ A、很偶然、很奇妙的巧合，遇到了心儀的他（1分）

□ B、突然發生，而且對方還是怎麼想也想不到的人（3分）

□ C、出現一個讓大家都驚艷的女生，最後被我追到（5分）

10、覺得女朋友的年紀最好是？

□ A、最好比我大，因為他們會比較成熟（1分）

□ B、最好比我小，我有一點大男人主義（3分）

□ C、大小無所謂，只要看得順眼就行了（5分）

10～20分：你的原因出自於「害羞」

你平常跟女性朋友的互動較少，尤其是在心儀的對象面前，常害怕過度表現造成犯錯，反而讓對方對你印象不好。和女生說話時，你也常常頭腦一片空白，不知道自己究竟在幹什麼，雖然事後討厭這樣的自己，

也做了相當程度的反省，可是相同的事情卻只是一再發生。

建議：對方是如何吸引你的呢？是他的某些特點。你又要如何吸引對方？也必須展現你的優點給對方知道才行。不要害怕犯錯，因為即使沒犯錯你還是追不到。

21～30分：你的原因出自於「矜持」

你不是沒機會，你的條件也不錯，只是你也喜歡學女生那套「孤芳自賞、待價而沽」，希望對方能主動跟你告白。女生通常喜歡跟心儀的人「暗示」，如果對方不理就趕快找尋下一個對象。所以你的過分矜持除了讓機會一再從身邊錯過之外，就是讓你在黑夜中獨自歎息。

建議：矜持是女人的專利，也別奢望女生能有多主動。你喜歡被人追，應該更能體會女人偏愛那種被人捧在手心的感覺。反其道而行，戀情也許馬上到來。

31～40分：你的原因出自於「膚淺」

你習慣在女性朋友面前作秀，證明自己的能耐。可是有時卻常常秀過了頭，結果非但未能為你加分，

反而讓人感覺你過於膚淺。偏偏對方一句言不由衷的「好棒喔」、「好厲害喔」卻又常常使你會錯意，使得你無論再怎樣表白，也只是將失戀的個人記錄推向人生的高峰而已。

建議：表現自己是正確且正面的，也是讓異性注意你的一種方式。可是那表現必須是你擅長的，也是你優點的部分。想要擁有才華橫溢，也得先做做功課才可以。

41～50分：你的原因出自於「固執」

你很固執，對愛情過於堅持己見，習慣以男生的立場為出發點去談感情，忘了認真去瞭解女孩子的立場及心理感受。雖然你總覺得為她付出很多，很愛她也對她好，可是對方卻不見得就會領情。固執的人很難去想像到別人眼中的自己，也要小心，因為情感而成為社會事件的主角。

建議：不要去定義愛情。愛情有時是不講道理的，它是情感的組合體。學會做個傾聽者，也讓雙方共同經營取代單方努力，愛該是舒坦毫無任何強迫的成分。

04.

在別人眼裡，你是什麼樣子的女孩

　　女生都是好奇的，你是否也經常思考，我在別人的眼裡究竟是什麼樣的女孩子？也許你更介意的是男生的眼光吧！那麼，還不趕快來測測！

1、朋友們、同事間正在竊竊私語什麼流言，聽到後你會？

□A、忍不住再傳播出去 → 4

□B、謠言不可信，聽過就算了 → 2

2、就算心中再難過也不喜歡在別人面前掉眼淚？

□A、是 → 9

□B、否 → 6

3、大夥兒聚會時，一高興多少會喝點酒？

□A、是 → 10

□B、否 → 8

4、一大票人還不如少人數聚會來得有趣？

□A、是 → 6

□B、否 → 7

5、要你照顧小嬰兒還真不知如何是好？

□A、是 → 12

□B、否 → 8

6、很喜歡卡通玩偶或可愛的小飾品？

□A、是 → 3

□B、否 → 5

7、朋友有戀愛上的問題請你幫忙，你會爽快答應？

☐ A、是 → 11

☐ B、否 → 3

8、不喜歡跟三個以上的女孩子一起行動、逛街？

☐ A、是 → 20

☐ B、否 → 16

9、工作和家事不會拖拖拉拉，處理迅速？

☐ A、是 → 13

☐ B、否 → 5

10、與自己的親戚、朋友的家人兄弟都能自然又愉快交談？

☐ A、是 → 15

☐ B、否 → 16

11、容易衝動購物或貸款不少，錢都不夠用？

☐ A、是 → 15

☐ B、否 → 10

12、個人興趣與工作事業比起來還是工作重要？
☐ A、是 → 18
☐ B、否 → 20

13、在外面與別人見面時間比窩在家裡的時間多？
☐ A、是 → 18
☐ B、否 → 12

14、寫報告書要比寫個人日記來得擅長？
☐ A、是 → D型
☐ B、否 → B型

15、討厭的事情倒是忘得很快？
☐ A、是 → E型
☐ B、否 → 17

16、聚會中受大家要求表演才藝會大方上台？
☐ A、是 → 17
☐ B、否 → 14

17、房間亂七八糟的會讓你在意，稍微整理後再
　　出門？

☐ A、是 → C型

☐ B、否 → E型

18、只要開始一生氣就不想說話了？

☐ A、是 → 19

☐ B、否 → A型

19、不喜歡留東西，一覺得沒用就想丟掉？

☐ A、是 → A型

☐ B、否 → D型

20、很憧憬像卡通中能夠在美麗的大草原生活？

☐ A、是 → 14

☐ B、否 → 19

A：你在男性眼中是個強勢的女性

討厭被別人比下去、氣勢較強盛的個性，讓你在別人眼中就像個女強人，要不就是氣焰高漲惹不得的女人。恐怕是讓男性們敬而遠之的典型，就算有人欣賞你可能也不大敢向你提出邀約。而在男性們的印象中你是個沒有男人也可以活得很好的人，讓他們覺得你的身邊似乎不需要男人來保護、安慰，能夠跟你像朋友般談話但很難開口提出交往、約會。

最好別動不動強調個人主義讓人感覺不夠可愛，臉上也得多保持笑容，讓男性好輕鬆開口與你說話。

B：你在男性眼中是個保守的女孩

平常言行中規中矩、不亂開玩笑，看起來是個規矩保守的女孩子。但雖然成熟穩重卻也有自我意識過強的傾向，腦子裡到底在想什麼不大會表露出來，讓男人有猜不透你的感覺。雖然自己自認為並非高高在上的人，但從外在行為容易讓男性誤會你是個無法很輕鬆對話的人，而且好像老是一副會拒絕別人的樣子，

與你交談時可能要小心點別說錯話了。

如果自己不是個善用言辭表達、善於開玩笑的人，那就在別人說話時多以點頭表示贊同等小動作來回應對方，至少表現出你是個好聽眾。

C：你在男性眼中是個守不住祕密的女孩

讓人感覺一張嘴太愛說話又守不住祕密，聽到些什麼就愛宣揚出去。一旦男生對你提出邀約恐怕第二天都搞得人盡皆知了。即使自己無心宣揚但卻在男生心目中讓他們有這樣的感覺與顧慮。除非是個厚臉皮的男生，不然恐怕難以鼓起勇氣向你提出邀約。

想想自己平常的行為是不是有常常幾個女生聚在一起就唧唧喳喳、蜚短流長？是不是自己老是下不了決定非得找個人問問不可？這樣的言行舉動可是會讓戀愛機會離你遠去的喔！

D：你在男性眼中是個高不可攀的花朵

令人感覺你的自尊心強烈、眼光也高，對男性要求的條件苛刻，普通男孩子似乎讓你看不上眼。即使有著美麗外表卻令人覺得高高在上，想要追求你好像是高攀了。對方如果不小心說錯話、態度笨拙了些，

很可能就被你以輕蔑的眼光看待或嘲笑，雖然是一朵花卻讓人只能遠觀，甚至敬而遠之。

自己得先製造讓人好相處、好談話的氣氛，別動不動將挑選男人的條件掛在嘴巴上。

E：你在男性眼中是個比較隨性的女孩

對男性提出邀約不會刁難拒絕，個性隨和讓男生好開口。但是，也很可能在別人眼中稍嫌輕浮了點。尤其在言談上如果過於開放會讓人感覺沒什麼內容格調，與你交往似乎沒什麼安全感，很可能隨時被別人邀約兩三次就跟人跑了，還可能不懂看場合亂說話而讓人要為你收拾麻煩。

讓男性有這種印象的你應該在言行舉止上多注重優雅，率性固然好，但讓人感覺隨便就大不妙了。

05.

測測你的「奪命勾魂點」

1、如果你是殺人犯，最想殺誰？

☐ A、曾欺騙你的人 → 3

☐ B、曾陷害你的人 → 2

2、如果你想裸體出現在大家面前，會在哪裡？

☐ A、海邊 → 4

☐ B、大飯店 → 5

3、如果你是演員，最想演什麼？

☐ A、精神病人 → 5

☐ B、有錢人 → 6

4、如果你是商人，最想賣什麼？

☐ A、食物 → 7

☐ B、計算機 → 5

5、如果有一億元，你會怎麼花？

□A、買個島 → 8

□B、帶親朋好友去環遊世界 → 7

6、如果明天會死，你今天會想做什麼？

□A、和父母聊天 → 5

□B、和情人擁抱 → 8

7、如果你是個建築師，會想蓋一座什麼？

□A、世界最大的醫院 → 9

□B、世界最精緻的博物館 → 11

8、如果你會魔法，希望做什麼？

□A、讓世界和平 → 10

□B、讓自己變有錢 → 11

9、如果你是農夫，想種什麼？

□A、水果 → 12

□B、稻米 → 13

10、如果你想揚名世界，會用什麼方式？

□A、競選總統 → 14

□B、潛入白宮 → 13

11、如果可以和卡通人物說話，你會選誰？

☐ A、哆啦A夢 → 14

☐ B、鹹蛋超人 → 15

12、如果可以拍廣告你會想替哪種產品代言？

☐ A、汽車 → 16

☐ B、房屋 → 17

13、如果你是天使希望做什麼？

☐ A、幫助受虐兒 → 18

☐ B、幫忙無依靠的老人 → 17

14、如果你是理財專家希望自己一年獲利目標是？

☐ A、五百萬美金 → 18

☐ B、一千萬美金 → 19

15、你最想移民去哪？

☐ A、歐洲 → 19

☐ B、亞洲 → 20

16、如果你是電腦工程師，最想要什麼？

□A、全世界最大的資料中心 → A型

□B、全世界最精密計算公式 → 17

17、如果你是服裝設計師，最希望的是？

□A、擁有品牌大量生產 → A型

□B、手工製造獨一無二 → B型

18、如果你是記者，最想採訪誰？

□A、達賴喇嘛 → B型

□B、美國總統 → C型

19、如果你是一隻動物，會希望當？

□A、小鳥 → D型

□B、恐龍 → C型

20、如果你是富翁最想做的是？

□A、賺更多錢 → D型

□B、醉生夢死 → 19

A型：

你的奪命勾魂點在於你的表情，擅長利用迷人的眼神和性感的雙唇來誘惑異性，極有勾引異性天分不乏追求者是戀愛高手。

B型：

你的奪命勾魂點屬於知性內斂，對方需要和你相處一段時間才能慢慢發覺你獨特的魅力，雖然不是天雷勾動地火，但對方只要對你著迷就很難離開了。

C型：

你的奪命勾魂點在於欲言又止半推半就間和對方一來一往過程中不斷醞釀愛的情愫，其實對方心知肚明但是如果能把愛情炒到最高點結果會令人滿意。

D型：

你的奪命勾魂點在於身材和肢體語言遇到喜歡的對象會拍拍對方肩膀摸摸對方的頭輕拍他的臉頰等親暱動作向對方示好，不避諱肌膚之親很容易讓對方有感覺。

你想跟情人建立一個什麼樣的關係

有一天，碰到了一種會說人話的動物，你希望那是哪種動物？

☐ A、羊
☐ B、馬
☐ C、兔
☐ D、鳥

A：羊

你們倆不用多說話，用心溝通，對方自然知道你要什麼。

B：馬

你們倆能談任何事情，沒有祕密。

C：兔

一種讓你一直能夠感受到溫暖與戀愛的關係。

D：鳥

你和情人不只關心現在也關心將來，一種你能與
之一起成長的長期關係。

顏色代表你心裡的人

請想一些人(這一些人必須認識你，並且對你來說
是非常重要的人)

請將這一些人與以下的顏色聯想在一起(不要重複
名稱或顏色)

每一個人只能和一個顏色聯想而已

□A、黃色

□B、橘紅色

□C、紅色

□D、白色

□E、綠色

測驗結果 TEST

黃色：

這是一位你永遠不會忘記的人。

橘紅色：

這是一位你永遠可以當他為真正的朋友的人。

紅色：

這是一位你真正深愛的人。

白色：

這一位是你靈魂的雙胞胎。

綠色：

這是一位你終身難忘的人。

你對情人的要求

假如往樹林深處走去，你覺得將會遇到什麼呢？

☐ A、人
☐ B、動物
☐ C、土人
☐ D、仙女

選A：

　　你是個堅守常規的人，所以不會作有損倫理之事，更不會發生不倫之戀。也會要求你的戀人對你從一而終，所以戀愛中的你是個心胸異常狹窄的人。試問一

個毫無量度的人，有人會受得了嗎？

選B：

你是個不愛發脾氣的人，很容易相處。你喜歡的戀愛方式是經過時間累積而逐漸醞釀出來的感情。你能包容戀人的一切，即使對方做錯事，你也不願和他爭吵。但一味的忍氣吞聲，可能會助長對方得寸進尺。

選C：

你善於與人交往，有令人對你一見鍾情的魅力，戀愛的經驗也不少。你對戀人的寬容，其實是你對體驗不同性格的人一種挑戰。這種戀愛心理，似乎有些過於自信與驕傲，小心誤人誤己。

選D：

雖然你沉溺在完全自我的境界裡，但這也是你的魅力所在，你也意識到自己這一特長，所以也引以為傲。因此你絕不會與自己性格相異的人交往，對戀人的要求也非常嚴格，委曲求全的事你絕對不屑一顧。

你的性心理年齡

1、以下最讓你引以為自豪的優點是：

☐ A、懂得可以取悅他的性愛技巧 → 2

☐ B、有出色的廚藝 → 4

☐ C、溫柔可人的性格 → 3

☐ D、有讓人羨慕的外表或身材 → 5

2、如果遇到性方面的問題你會：

☐ A、給電台熱線打電話 → 3

☐ B、給健康雜誌寫信 → 4

☐ C、直接告訴另一半 → 5

☐ D、向朋友求助 → 6

3、如果另一半在性生活中不如你意，你會：

☐ A、直接和他談談 → 4

☐ B、用別的事情暗示他 → 6

☐ C、為他買一些相關的藥或食品 → 5

4、如果他對你的身體不滿意，你會：

☐ A、在做愛時關燈 → 6

☐ B、馬上去美容院 → 5

☐ C、反駁他的身體也不完美 → 7

5、突然發現自己懷孕了，你的第一反應是：

☐ A、馬上給他打電話，問他的意見 → 6

☐ B、去醫院做人工流產 → 7

☐ C、要求他結婚 → 9

☐ D、幸福地等待孩子的出世 → 8

6、如果另一半高潮後你仍未滿足，你會：

☐ A、學習性愛技巧，讓兩人同時到達高潮 → 7

☐ B、主動愛撫讓他興奮，然後滿足自己 → 9

☐ C、保持沉默，不再理睬他 → 8

7、如果他花費大量時間幫助其他異性，你會：

☐ A、禁止他們的來往 → 8

☐ B、盡量跟著他們 → 11

☐ C、暗中監視他們 → 9

☐ D、為他受歡迎而感到高興 → 10

8、和他親熱後，以下情況相符的是：

☐ A、相擁而眠 → 10

☐ B、對他的表現說真棒 → 9

☐ C、討論剛剛兩個人的表現 → 11

☐ D、有兩項以上符合 → 12

9、你認為避孕是：

☐ A、男人的工作 → 10

☐ B、為保護自己還是親自採取措施 → 11

☐ C、沒有必要的 → 12

10、你認為以下哪種顏色的睡衣最性感：

☐A、黑色 → 11

☐B、白色 → 12

☐C、透明 → 13

☐D、紅色 → 14

11、如果另一半不能在性生活方面讓你滿足，你會：

☐A、很同情他，但是會考慮和他分手 → 12

☐B、安慰他說自己不在乎 → 15

☐C、沒關係，原本自己就在追求單純的精神戀愛
→ 13

12、你有「處男情結」或「處女情結」嗎：

☐A、是 → D

☐B、否 → C

13、以下哪種情況你會拒絕和他做愛：

☐A、剛吃完有刺激性氣味的東西 → 12

☐B、兩個人剛剛吵架完 → B

☐C、心情不好 → A

測驗結果
TEST

A：嬰孩（5歲以下）

雖然有著令人羨慕的淑女頭銜，可是你在床上的表現只能用一個「冷」字來形容。對性的態度還處在朦朧狀態，這不僅對任何有關性的話題都羞於啟齒，還直接影響了你在性愛生活中的表現，畢竟任何一個正常的男人都不會想要和一塊堅冰做愛的，看來你要趕緊找些資訊惡補一下才行。

B：青少年（18歲以下）

對性已經有了一定瞭解，在說起有關性的話題時會擺出一副什麼都明白的曖昧神情，其實無論談論的內容再大膽，還是會控制在限制級以下。至於你在床上的表現，與其說是自己享受還不如說是在取悅他人，其實當你索性放開自己，就會發現那些誇張的表現並不是用來加強氣氛，而是「有感而發」的。

C：青壯年（30歲以下）

對性愛生活把握得很好的你來說，性生活是一件非常享受的事，感情反而變得不那麼重要，有關性或性感的話題簡直成口頭禪。只要有了浪漫的氣氛，不需要他太多的愛撫，你馬上就可以讓自己燃燒起來，熱情如火地準備和他大戰三百回合。

D：中青年（40歲以下）

你可謂是生活中典型的「熟女」，不僅對異性瞭如指掌，在性生活方面也不需要任何指導，因為你深諳讓自己和對方在性方面得到高潮的技巧。在性愛中得到充分滋潤的你，時時散發著成熟性感的魅力，只要你願意，你的身邊是不會缺少男伴的。

10.

你的愛情是否會影響工作

　　你從來沒有和女朋友親密接觸過，現在給你一次機會，你會從什麼地方開始呢？

□ A、摟小蠻腰

□ B、搭肩膀

□ C、摸下巴

測驗結果
TEST

選A：

　　選摟小蠻腰的朋友，肯定在熱戀中才容易影響工作。剛熱戀時，你被愛沖昏頭腦，才會表現出無心工作的態度。

這類型的人平日工作時還蠻專業的，不過熱戀時會靈肉分離，身體在工作中，靈魂已經飄到情人身上了，不過當戀情穩定時就恢復正常了。

選B：

　　選搭肩膀的朋友。不會為感情影響工作。成熟的你會把工作與愛情分開，理性管理情緒與時間。

　　這類型的人之前的戀情也許會影響到工作，不過隨著年齡的成長，會開始知道要專心努力工作，至於感情的事情要留到下班之後再處理。

選C：

　　選摸下巴的朋友，只有失戀時才容易影響工作。你只有在感情受到挫折時才會影響工作上的情緒。

　　這類型的人在工作上非常專業，感覺上有點拘謹，甚至於很多事情都斤斤計較，做得非常完美，不過失戀是他的死穴，當他失戀時會完全失控，個性會360度轉變。

愛情年齡測試

請記錄好您的選擇，以便後面的分數計算。

1、如果朋友臨時取消約會，你會怎麼安排自己的時間？

☐ A、去逛逛早就想逛的地方 (5分)

☐ B、趕快打電話找別的朋友出來 (3分)

☐ C、無所事事，心情很悶地到處亂晃 (1分)

2、在網路上的聊天室遇到陌生人跟你搭訕，你會作何處理？

☐ A、先試著聊天看看，如果感覺還不錯就留下 E-mail (3分)

☐ B、保持曖昧空間地跟對方談話 (5分)

☐ C、立刻跑掉或是完全不回應他 (1分)

3、如果你收到情人送你的戒指，你會戴在哪根手指上呢？

☐ A、中指 (1分)

☐ B、無名指 (5分)

☐ C、小指 (3分)

4、若是情人討厭你的某位朋友，你會

☐ A、從此跟那位朋友斷絕關係 (1分)

☐ B、瞞著情人跟那位朋友聯絡 (3分)

☐ C、完全不理情人的抱怨 (5分)

5、當情人要求你當街親吻他，你會

☐ A、擁吻有何不可？立刻熱烈地回應 (1分)

☐ B、表示自己會害羞，親吻對方的臉頰或手作
為讓步 (5分)

☐ C、斷然拒絕 (3分)

6、白雪公主的故事中，你最喜歡哪一幕？

☐ A、白雪公主在小矮人家睡著 (3分)

☐ B、小矮人們為公主製作玻璃棺 (5分)

☐ C、王子扶起公主使毒蘋果掉出，而公主醒來
(1分)

7、一齣演出夫妻外遇的連續劇，你最容易認同那個角色？

☐ A、外遇的一方 (5分)

☐ B、苦情守候的一方 (1分)

☐ C、第三者 (3分)

8、你看到路邊有個人一邊等候一邊不停地看錶，你認為他是？

☐ A、跟情人約會，但對方遲到了 (1分)

☐ B、等公車，車再不來他就會遲到 (3分)

☐ C、朋友或情人進銀行去辦事，他在等對方何時才把事情忙完 (5分)

9、和情人約在一家新餐廳共進晚餐，你會挑選哪個座位？

☐ A、窗邊的座位 (1分)

☐ B、最能欣賞到鋼琴演奏的位置 (5分)

☐ C、最角落的位置 (3分)

10、走過一家店，傳來一陣香味，你覺得那是？

☐ A、剛烤好的麵包香 (3分)

☐ B、帶有果香味的香水 (5分)

☐ C、咖啡香1分

11、看到兩個人正在說悄悄話，你覺得聽的那個人會有何反應？

☐ A、皺著眉頭不說話 (5分)

☐ B、強力忍著笑意 (3分)

☐ C、到處東張西望 (1分)

12、如果可以選擇夢境，你會選擇什麼樣的夢？

☐ A、夢到自己是個萬人迷，每個認識的人都想向自己表示愛意 (3分)

☐ B、夢中自己是億萬富翁，能呼風喚雨 (5分)

☐ C、夢見自己是個平凡的人，有平凡的家庭，一家人和樂融融 (1分)

13、你將在三個你喜歡的對象中挑選一位交往，但他們各有缺點，你會選擇誰？

☐ A、樣樣都好，就是非常窮 (1分)

☐ B、有錢、體貼、風趣、年輕，但很花心 (3分)

☐ C、平凡卻老實，有點年紀 (5分)

14、不小心打翻了一個杯子，你覺得裡面裝的是？

☐ A、葡萄酒1分

☐ B、滿滿的白開水 (5分)

☐ C、空的 (3分)

15、睡得正熟時，突然地震了，你的第一個反應是？

☐ A、趕快找個地方躲 (3分)

☐ B、趕快逃出去 (1分)

☐ C、先繼續睡，如果搖得屬害再作反應 (5分)

測驗結果
TEST

15～22分：

　　你還處在愛情的青少年期，不論你現在已經幾歲了。你大概是愛情小說或連續劇的忠實讀者，面對愛情真正的困境處理起來非常生澀。如果你遇到一個愛情老手，你可能總是摸不透他的心意；甚至覺得對方忽冷忽熱。不過，那其實只是你欠缺經驗而已。如果

你跟一個愛情年紀與你相仿的人戀愛，你們大概可以共享轟轟烈烈的愛情。無論如何，如果你的愛情並不順遂，也無須灰心；更不必覺得這是我一生的最愛，因為，再多談幾次戀愛你就會發現，現在的你，實在是太年輕、太容易感傷了！

23～36分：

你的愛情大概是20~29歲的年紀，青春正好，有衝勁，也比較懂得進退。不過，你最常犯的毛病是高估自己；以為自己可以不嫉妒；以為自己想要的是自由……正確地說，你還不夠瞭解自己愛情的長相，還需要一點歷練來使你的愛情發光。你很容易被為你傾倒的愛情青少年所吸引，他們以你為生活重心的虛榮感使你飄飄欲仙。但是，你可得記住，你也沒你自己想像中那麼有辦法，一起成長當然是好的，千萬不要悲劇英雄似的自己一肩扛下所有情緒重擔，到時候，你可能反而是最先逃跑的人。

37～44分：

你的愛情年紀已經進入成熟期，就像人說：「三十而立。」你開始有種老靈魂的感歎，認為自己可以

把愛情的分寸拿捏得當，卻無法像年輕時那麼盡興地相愛。你偶爾會感到疲倦，有時會有些寂寞，雖然你都可以很快把它們處理好，但是心裡還是有個遺憾很難被弭平。你跟愛情年紀比你小的人交往，總是從他們身上感受到年輕的魅力，卻也經常冷眼旁觀他們愛情歲月的增長。你大概只能在愛情比你年長的人身上找到安慰，雖然你不見得會愛上對方。不過，有的時候別放棄給自己年輕一下的機會，畢竟就算是老年期的河川，也有回春的機會啊！

45～65分：

你的愛情，不但成熟，而且沉澱。有種境界叫：「見山又是山，見水又是水。」你大概就是如此吧！你終於可以很溫柔地看待不同愛情階段的人，並且可以很溫柔地陪伴和對待對方，你不企求長相廝守的承諾，因為你深知其中難處；你不會殘忍地打破愛情中年輕人的夢想，你只會微笑地等他看見當中的青澀。如果，有個人能真正地愛到你，也真正被你所愛，那麼一定是件幸福的事；不，不止是幸福，應該說，這才是最浪漫的事。

你為什麼結婚

要和朋友一起去郊遊，下面介紹了四條可選的路線，你會選擇那條路線呢？

□A、需要花錢卻省時省力的纜車

□B、面向登山者的崎嶇山路

□C、雖然花時間，卻可以帶孩子一起步行的平坦山路

□D、擁擠卻很受歡迎的觀光路線

選A：

你為了優越的生活而結婚。因此，不管你多麼喜歡對方，如果他沒有經濟實力或者工作不穩定的話，你也絕對不會和他在一起，你希望找一個在一流企業

工作前途無量的人,建立一個令所有人羨慕的理想家庭。如果你是位男性,則希望妻子相貌出眾家庭富裕。

選B:

你認為只要雙方有好感,能夠真誠交往,自然會走向婚姻的殿堂,這才是真正負責任的態度。同時,即使沒有合適的人選,你也會為了孝敬父母,透過相親等方式,選擇一個父母喜歡,整體說得過去的人結婚,而且你會努力營造一個和諧的家庭。

選C:

你沒有太多慾望,認為和普通人一樣結婚,過安定的生活就是人生的一大幸福。你不希望自己的人生充滿波折。如果你是位女性,你希望結婚後做個家庭主婦,因為那樣就不用拼死拼活地工作,還可以衣食無憂。如果你是個男性,就會把做飯等生活瑣事都交給老婆。生活得快樂無憂!

選D:

你一直感覺單身生活很不踏實,結了婚之後才能取得社會的認同。因此,你會為了過無憂無慮的生活而結婚。如果你是位女性,就會希望丈夫是個踏實工

作關心家庭的人。如果你是個男性,則希望找一個會持家的妻子,而且,你會做一份具體的人生計劃,比如什麼時候買房子等等。

13.

在異性眼裡,你受歡迎嗎

1、旅行時,你最想去哪個地方?

☐ A、北京 → 2

☐ B、東京 → 3

☐ C、巴黎 → 4

2、是否曾在觀看感人的電影時泣不成聲?

☐ A、是 → 4

☐ B、否 → 3

3、如果你的男(女)朋友約會時遲到一個小時還未
　出現，你會：

☐ A、再等30分鐘 → 4

☐ B、立刻離開 → 5

☐ C、一直等待他(她)的出現 → 6

4、喜歡自己一個人去看電影嗎？

☐ A、是 → 5

☐ B、不 → 6

5、當他(她)第一次約會就要求要吻你，你會……

☐ A、拒絕 → 6

☐ B、輕吻他(她)的額頭 → 7

☐ C、接受並吻他(她) → 8

6、你是個有幽默感的人嗎？

☐ A、我想是吧 → 7

☐ B、大概不是 → 8

7、認為自己是個稱職的領導者嗎？

　□A、是 → 9

　□B、不 → 10

8、如果可以選擇的話，你希望自己的性別是？

　□A、男性 → 9

　□B、女性 → 10

　□C、無所謂 → D

9、曾經同時擁有一個以上的男(女)朋友嗎？

　□A、是 → B

　□B、不 → A

10、認為自己聰明嗎？

　□A、是 → B

　□B、不 → C

測驗結果
TEST

A：你對異性有很大的吸引力

在異性的眼中，你有一種魅力。你不止有美麗的外形，而且有幽默和大方的個性。你應該是一個很有氣質的人而且深諳與人相處之道，你很懂得支配你的時間，所以你在異性之間很受歡迎。

B：你很容易便可以吸引異性

你並不容易陷入愛情的陷阱。你的幽默感使得人們樂於與你相處，他(她)與你在一起時非常快樂！

C：你並不能特別吸引異性

你仍然有一些優點，使異性喜歡跟你在一起。你應該是一個很真誠的人，而且對事物有獨特的眼光。在你的朋友眼中，你是一個很友善的人。

D：你並不吸引異性

你並沒有十分淵博的知識，也沒有什麼特別的人格特質。對異性來說，你顯得過於粗陋，所以你並不受異性的歡迎。

14.
你是個什麼類型的女子

1、你使用電腦的習慣是？

□A、不太注意網站上那些關於隱私權的公告。

□B、如果使用公用電腦，會比較小心保護帳號密碼、網路銀行一類的訊息。

□C、每次關機前均要刪除使用紀錄，就算是在家裡也是如此。

2、你對去公共浴室的態度如何？

□A、大家一起去，很熱鬧啊，我非常喜歡。

□B、有點不適應，但覺得那是件很好玩的事。

□C、太恐怖了，在一大堆人面前裸露身體，即使是同性我也會覺得很恐怖。

3、如果不幸得上了某種疾病，你的一位同事也恰好患有同樣的病症，你會？

☐A、約她一起去治療，和同事當病友會比較有安全感。

☐B、從旁向她詢問一些有關於此病的知識。

☐C、完全不理會她，還特地選另一家醫院診療。

4、當男友第一次用你用過的筷子進餐時，你會？

☐A、很高興，下次還主動提議兩人用一雙筷子就夠了。

☐B、笑著主動為他多拿一雙筷子。

☐C、不太適應，心裡總覺得很不舒服。

5、和家人一起看到電視中限制級鏡頭時，你會？

☐A、大笑著，故作驚歎地看完，還分析他們招式的可能性。

☐B、面無表情地看完，好像什麼事都沒發生。

☐C、站起來離開或換台，轉頭，總之就是有些尷尬。

6、網路上常有太太應不應該看先生簡訊的討論，
　你的態度是？

□A、老婆監察老公的簡訊，天經地義！

□B、如果他有不正常舉動，看看也是保護自己的
　　做法。

□C、她太過分了，就算是夫妻，也應當尊重對方
　　的通訊隱私啊。

7、對於顏色的偏愛是？

□A、暖色系，溫暖的感覺讓人放鬆。

□B、沒有特定愛好，搭配協調就很不錯了。

□C、冷色系，素色簡單最好。

測驗結果
TEST

如果你的選擇中A居多：

　　那麼你是一個很喜歡與別人分享自己個人情況的
開放型女子，對於隱私度沒有太多的要求，常常率意
而為，渴望資源公有。

　　但要小心，這樣的「豪放」可能會讓男人們覺得
你不拘小節，建議還是讓自己變得自我一些為佳。

如果你的選擇中B居多：

那麼你是一個比較注意保護自己隱私的知性女子，你對情侶、夫妻之間的伴侶規則掌握得很清楚。能夠技巧性地運用策略來維繫親密關係的安穩，但又能保有自己的獨有空間。

繼續堅持你的生活方式，這絕對是最聰明的選擇。

如果你的選擇中C居多：

看得出來你是一個相當獨立自主的女子，因此對隱私度的要求已經達到了極高的境界。

雖然相互尊重彼此的祕密是必要的，但你的做法在現實情況中卻總有些不近人情的感覺。如果生活在更強調隱私度的歐美，相信你會快樂很多。

15.

你內心有沒有同性戀傾向

1、經常因為同性很美而欣賞嗎？

☐ A、是的，只要是美麗的人我都欣賞 (0分)

☐ B、不是，我只喜歡異性 (2分)

☐ C、不一定，看心情 (1分)

2、覺得同性戀屬於正常的戀愛關係嗎？

☐ A、是 (0分)

☐ B、否 (2分)

3、比較喜歡中性打扮嗎？

☐ A、是 (1分)

☐ B、否 (0分)

☐ C、有時候 (2分)

4、挑選襯衫，商場的顏色有限，你會選哪一種？

☐ A、黑色的 (0分)

☐ B、白色的 (1分)

☐ C、橘紅色的 (2分)

5、害怕自己會孤獨的死去嗎？

☐ A、害怕 (2分)

☐ B、不害怕 (0分)

6、如果遇到同性向你表白愛情，你會

☐ A、很驚訝，但是表示理解 (1分)

☐ B、很厭惡，馬上和對方絕交 (2分)

☐ C、不知道該如何是好 (0分)

7、你的同性朋友比異性朋友數量多嗎？

☐ A、是 (1分)

☐ B、不是 (2分)

☐ C、差不多 (0分)

8、是不是經常受到同性的讚美？

☐ A、是 (2分)

☐ B、沒有過 (2分)

☐ C、偶爾 (1分)

9、晚上經過一個黑暗的巷子，你心裡害怕的原因
　　是……

☐ A、怕黑 (2分)

☐ B、怕壞人 (1分)

☐ C、怕扭了腳 (0分)

10、有一天發現你最好的朋友是同性戀，你的反
　　應是？

☐ A、驚訝但接受 (0分)

☐ B、不接受斷絕來往 (2分)

☐ C、要考慮一下以後怎麼相處 (1分)

11、你經常和同性朋友去看電影嗎？

☐ A、是 (0分)

☐ B、不常 (2分)

☐ C、沒有過 (2分)

12、喜歡下面哪種飲料？

☐ A、珍珠奶茶 (1分)

☐ B、清涼的可樂 (2分)

☐ C、香醇的咖啡 (0分)

13、在外面遇到了你以前的舊情人，你會……

☐ A、和他打招呼 (0分)

☐ B、假裝沒看見 (2分)

14、喜歡孩子勝過愛情嗎？

☐ A、是 (0分)

☐ B、不是 (1分)

☐ C、都需要 (2分)

15、如果要你去同性戀酒吧，你的反應是……

☐ A、想去，很興奮 (1分)

☐ B、絕不去 (2分)

☐ C、沒什麼反應，又不是第一次去 (0分)

測驗結果
TEST

高於25分：

　　你與同性感情過界的可能幾乎是0。你對愛情抱著極其鄭重的態度，你希望找到一個可靠的可以信賴的

伴侶度過終生。但是有時候你的過於在意反而不能讓你盡情享受愛情的浪漫，盡量放鬆自己吧！多和所愛的人商量一下怎樣才能讓你們的關係更加親密，或者去多方瞭解浪漫的真諦。

15分～25分：

你有25%的與同性相戀的可能，你要求完美的愛情，因為實在是太過渴望被愛。在現實中很難能找到這樣完美的愛情，所以當你要面臨生活的重要的關鍵時刻，如果有同性對你發動猛烈地愛情攻勢，你就會倒向那一邊。但是大多數時間你是十分依賴於同性間的交往的，比較適合做精神出界的選擇。

低於15分：

看來你有30%以上的同性戀可能，你在生活中是十分獨立的個體。對異性或多或少的有偏見，而且你確實有那麼一個十分要好的同性朋友，並且一日不見就有如隔三秋的感覺。你喜歡冒險，喜歡嘗試各種不同的新鮮事物。對感情方面也是一樣，總是想探究一些神祕的領域。所以你基本上是屬於對同性的感情過界的人群。

16.

你聰明嗎

下列故事，你最喜歡哪一個？

☐ A、《貓和老鼠》

☐ B、《美女與野獸》

☐ C、《白雪公主》

☐ D、《灰姑娘》

測驗結果 TEST

A：喜歡挑戰男性。

B：聰明如蛇女。

C：心性永遠在花季。

D：天真地接受現實。

破壞力測試

如果有人向你挑戰，你會選擇哪一種武器？

☐ A、手槍

☐ B、匕首

☐ C、炸彈

☐ D、毒藥

A：害怕失去自我。

B：希望掌握一切。

C：會全力保護他和孩子。

D：破壞力強。

18.

你夠母性嗎

你喜歡什麼樣的月亮？

☐ A、朔月

☐ B、圓月

☐ C、上弦月

☐ D、月食

測驗結果
TEST

A：不夠溫柔的黑月性情。

B：白月性情，你會是一個完美的母親。

C：黑白月矛盾型，想要感情與事業均衡的生活。

D：很嚮往母親的身分，又害怕這一角色。

19.

權利慾望

你希望自己是一個……

☐ A、好心的仙女

☐ B、惡毒的巫婆

☐ C、善良的巫婆

☐ D、女巫

測驗結果 TEST

A：是自由女神的化身。

B：狂野自信的黑月型。

C：願意滿足他人的求助。

D：強烈的權力慾。

你要做全職太太嗎

你比較喜歡哪一種情況？

☐ A、主動向男人搭訕

☐ B、由男人向自己搭訕

☐ C、都不喜歡

☐ D、都喜歡

測驗結果
TEST

A：愛與男性競爭。

B：順從所愛的男人。

C：拒絕做全職太太。

D：多情而不外露。

21.

是否重視自己的女性角色

你與男友的生活：

☐ A、多彩多姿，並且非常有趣

☐ B、多彩多姿，但有點無趣

☐ C、沒有什麼變化，但非常有趣

☐ D、沒有什麼變化，並且很無趣

A：非常重視自己的女性角色。

B：像夏娃一樣，能承載男人加之於身上的一切希望。

C：常像孩子一樣的天真。

D：漠視自己的女性角色。

22.

你對另一半的態度

你覺得亞當是一個什麼樣的男人？

☐ A、和天下男人並沒有什麼不同

☐ B、一個大小孩

☐ C、第一個英雄

☐ D、懦弱無能的人

測驗結果 TEST

A：理解你所愛的人，有時漠視他。

B：依從你的另一半，卻可以透視他的內心。

C：常把自己當成弱者，渴望得到男人的呵護，白月性情。

D：為人有主見，不願受制於人的黑月型。

23.

觀腳術

你的另一半常常……

☐ A、腳張開

☐ B、只有一隻腳彎曲

☐ C、雙腳併攏

☐ D、雙腳交疊

選A：

　　雖然嚮往冒險，個性耿直，遇到突發狀況時卻無法拿出勇氣。但是，在一度嘗過婚外情的滋味後，很有可能會將自己徹底改變。雖然喜歡性幻想，但在性方面卻不見得很強。

選B：

喜歡能忍受自己的任性，或是年紀比自己大的女性。對性的關心度相當高，無法滿足於平凡的事物。工作上的失敗多半起因於女性，一定要小心在意！

選C：

對性不太關心，對不解人意的少女不感興趣，憧憬的是年紀比自己大的女性。此外，重視柏拉圖式的精神戀愛。對於性，有時會不由得產生自卑感。

選D：

事實上，行事非常謹慎，而且自尊心極高。對於女性的喜好，也是屬於理想較高的人。一旦想要抓住女性的心，表示他希望擁有自信。性方面的表現不算高明，但會配合對方，藉此建立自信。

24.

解讀情人的需求信號

號稱「印度國食」的咖哩食物，特殊的口味讓人難忘。如果到咖哩店，不常吃咖哩的你會選哪種口味來嘗試？要是你的他是個超級咖哩迷，就選他平常最愛吃的口味吧！

- ☐ A、雞肉或其他肉類口味
- ☐ B、超辣口味
- ☐ C、蔬菜口味
- ☐ D、海鮮口味

TEST

選A：

當他想要做愛時，就會比往常慇勤，例如接送你

下班、做家務，或是送花等禮物，態度也比平日溫柔許多。不過天下沒有白拿的禮物，另一半做這些舉動，都是為了請你甘願和他親熱。

選B：

他的性暗示，都是很明快的，例如主動建議看些有親熱場面的片子，或是告訴你他又買了新內衣褲，要是你還是聽不懂，他也懶得再暗示什麼，乾脆「自我安慰」還比較快。

選C：

這種人想做那件事時，是死也不會開口說什麼的，不過仔細觀察，還是能看出一些蛛絲馬跡。因為他的行為會變得怪異，對你忽冷忽熱，有時還會癡癡望著你半天，或是在浴室待的時間比往常久很多。這些都是暗示，要是你不瞭解，他就生悶氣，行為會更怪。

選D：

你的另一半想做愛時，會單刀直入，暗號就是一直黏著你，會用肢體不斷碰觸你，如撫弄你的手掌，愛撫你軀體的其他部位，還帶著色色的笑容，只差沒明白說出「快來做吧」的字眼了！

25.

菲爾測試

這個測試是美國的菲爾博士做的，國際上稱為「菲爾測試」，時下被很多人用來測驗性格。

1、你何時感覺最好？

☐ A、早晨 (2分)

☐ B、下午及傍晚 (4分)

☐ C、夜裡 (6分)

2、你走路時是：

☐ A、大步地快走 (6分)

☐ B、小步地快走 (4分)

☐ C、不快，仰著頭面對著世界 (7分)

☐ D、不快，低著頭 (2分)

☐ E、很慢 (1分)

3、和人說話時，你：

☐ A、手臂交疊站著 (4分)

☐ B、雙手緊握著 (2分)

☐ C、一隻手或兩手放在臀部 (5分)

☐ D、碰著或推著與你說話的人 (7分)

☐ E、玩著你的耳朵、摸著你的下巴或用手整理頭
　　髮 (6分)

4、坐著休息時，你的：

☐ A、兩膝蓋併攏 (4分)

☐ B、兩腿交叉 (6分)

☐ C、兩腿伸直 (2分)

☐ D、一腿蜷在身下 (1分)

5、碰到你感到發笑的事時，你的反應是：

☐ A、一個欣賞的大笑 (6分)

☐ B、笑著，但不大聲 (4分)

☐ C、輕聲地咯咯笑 (3分)

☐ D、羞怯的微笑 (5分)

6、當你進入一個派對或社交場合時，你：

☐ A、很大聲地入場以引起注意 (6分)

☐ B、安靜地入場，找你認識的人 (4分)

☐ C、非常安靜地入場，儘量保持不被注意 (2分)

7、當自己非常專心地工作，而有人打斷時，你會：

☐ A、歡迎他 (6分)

☐ B、感到非常惱怒 (2分)

☐ C、在上述兩極端之間 (4分)

8、下列顏色中，最喜歡哪一種顏色？

☐ A、紅色或橘紅色 (6分)

☐ B、黑色 (7分)

☐ C、黃色或淺藍色 (5分)

☐ D、綠色 (4分)

☐ E、深藍色或紫色 (3分)

☐ F、白色 (2分)

☐ G、棕色或灰色 (1分)

9、臨入睡的前幾分鐘，你在床上的姿勢是：

☐ A、仰躺，伸直 (7分)

☐ B、俯躺，伸直 (6分)

☐ C、側躺，微蜷 (4分)

☐ D、頭睡在一手臂上 (2分)

☐ E、被子蓋過頭 (1分)

10、經常夢到自己在：

☐ A、落下 (4分)

☐ B、打架或掙扎 (2分)

☐ C、找東西或人 (3分)

☐ D、飛或漂浮 (5分)

☐ E、你平常不做夢 (6分)

☐ F、你的夢都是愉快的 (1分)

經過上述測試後，將所有分數相加。

低於21分：內向的悲觀者

你是一個害羞、神經質、優柔寡斷的人，永遠要別人為你做決定。你是一個杞人憂天者，有些人認為你令人乏味，只有那些深知你的人才知道你不是這樣的。

21分到30分：缺乏信心的挑剔者

你勤勉、刻苦、挑剔，是一個謹慎小心的人。如果你做出任何衝動或無準備的事，朋友們都會大吃一驚。

31分到40分：以牙還牙的自我保護者

你是一個明智、謹慎、注重實效的人，也是一個伶俐、有天賦、有才幹且謙虛的人。你不容易很快和人成為朋友，卻是一個對朋友非常忠誠，同時要求朋友對你也要忠誠的人。要動搖你對朋友的信任很難，同樣，一旦這種信任被破壞，也就很難恢復。

41分到50分：平衡的中道者

你是一個有活力、有魅力、講究實際，而且永遠有趣的人。你經常是群眾注意力的焦點，但你是一個足夠平衡的人，不至於因此而昏了頭。你親切、和藹、體貼、寬容，是一個永遠會使人高興且樂於助人的人。

51分到60分：吸引人的冒險家

你是一個令人興奮、活潑、易衝動的人，是一個天生的領袖，能夠迅速做出決定，雖然你的決定不一定都是對的。你是一個願意嘗試機會、欣賞冒險的人，周圍人都喜歡跟你在一起。

60分以上：傲慢的孤獨者

你是自負的自我中心主義者，是個有極端支配欲、統治欲的人。別人可能欽佩你，但不會永遠相信你。

26.

你是個自信的女孩嗎

以下5面鏡子裡面，你會選哪塊擺在房間裡面做梳妝鏡呢？

- ☐ A、四方形鏡
- ☐ B、圓形鏡
- ☐ C、橢圓形鏡
- ☐ D、三角形鏡
- ☐ E、形狀不規則的鏡子

A：自認上鏡度：30%

自視平凡型

你對自己的外貌不是很有信心，認為自己只是個普通女孩，整日都覺得自己沒有別人漂亮，甚至隨時可以找出自己十幾個缺點，所以你最在意打扮自己。由於太過內向，所以你的感情生活不太理想。

B：自認上鏡度：50%

可愛少女型

你知道自己的外貌不算十分出眾，但也能排上中等。不過你屬於可愛少女型，樂觀開朗、率直天真的你，親和力十足並且敢愛敢恨，別人和你相處時自然覺得輕鬆自在沒有壓力，因此就算你不是絕色美人，但仍然受人喜愛。

C：自認上鏡度：70%

孤芳自賞型

你覺得自己的外貌很漂亮，再增添些氣質就錦上

添花了。你屬於孤芳自賞型,既覺得自己好,又擔心旁人不欣賞你的那種。由於你自視甚高,所以一旦失戀情緒特別容易失控,因為你接受不了別人拋棄你的事實。因此,對愛情不再抱任何幻想。

D:自認上鏡度:90%

傾倒眾生型

你對自己外貌身材都甚具信心,所以會自然而然的向身邊人放電。你覺得難得老天對你這麼偏心,生得你的身材這麼正點,不好好利用豈不浪費?所以你會終日打滾在情場上,以傾倒眾生為己任。你甚至會進一步玩盡感情遊戲,沉醉於刺激新鮮的情慾追逐中而不能自拔。

E:自認上鏡度:100%

仙女下凡型

你自覺美到爆鏡都不止,更認為自己是「只應天上有」的絕色美女,肯定是仙女下凡。粗略估計,你每天會用大約9成時間照鏡,以欣賞自己的「絕世芳容」。然而愛自己愛得狂熱的你,根本不會去考慮愛身邊的人。相信你的終身伴侶就是一塊與你朝夕相伴的鏡子。

27.

測試你是哪類「性格」

1、聽說難得一見的流星雨要來了，你的反應是：

☐ A、沒有興趣，連相關新聞都懶得看 (1分)

☐ B、有點好奇，但看新聞轉播就滿足了 (3分)

☐ C、是追星一族，當然要留下珍貴回憶 (5分)

2、你平時多久去逛一次百貨公司？

☐ A、好像是有好幾年沒去了 (1分)

☐ B、不會主動去，路上經過時會去看看 (3分)

☐ C、閒著沒事就可能會去那裡逛逛 (5分)

3、你對音樂的態度如何？

☐ A、只喜歡聽某一類音樂 (1分)

☐ B、憑感覺，有些歌一聽就會馬上喜歡 (3分)

☐ C、很多歌都是要聽幾遍之後才會喜歡 (5分)

4、你對常用的交通工具有上鎖的習慣嗎？

☐ A、會加上好幾道鎖，擔心治安不好 (1分)

☐ B、會另外加裝一道安全鎖，求個心安 (3分)

☐ C、只用基本配鎖，覺得自己不會那麼倒霉 (5分)

5、你閒來無事時會出去散步嗎？

☐ A、會的，不過多半在附近繞圈子 (1分)

☐ B、會跑去比較遠、平常較少去的地方 (3分)

☐ C、喜歡跑到從來沒去過的地方冒險 (5分)

6、你平均每天到工作地點的時間約需多久？

☐ A、10分鐘以內 (1分)

☐ B、10～30分鐘左右 (3分)

☐ C、超過半小時以上 (5分)

7、你一早起來是否會有不去公司的想法？

☐ A、難免，但次數不太多 (1分)

☐ B、次數算算還不少，跟心情好壞有很大的關係 (3分)

☐ C、只有陰雨天才會不想去公司 (5分)

8、你平常是否有飼養寵物的習慣？

☐ A、我超級喜歡小動物 (1分)

☐ B、我喜歡養寵物，只是他們的一些小毛病會讓我覺得麻煩 (3分)

☐ C、我很少或從來沒養過寵物 (5分)

9、如果可以在大樓租個樓層來工作，你會選擇：

☐ A、50層，沒人打擾，而且視野不錯 (1分)

☐ B、當然是最高層，喜歡站在最高點的感覺 (3分)

☐ C、一樓，進出會比較方便 (5分)

10、你洗澡時通常從哪個地方開始塗肥皂？

☐ A、先洗臉 (1分)

☐ B、從胸部開始 (3分)

☐ C、從個人私密處開始 (5分)

20分以下者：真材實料型

你的開拓能力及創意能力不足，適合你的工作並不多，但你有高度的責任心，一旦決定了做某項工作，你會全力以赴將之做到最好。工作中的你熱情專注，是個盡職的員工或老闆。因此，只要執著地做事，對自己喜歡的專業深入研究，成功就會屬於你。

建議你除了工作，也要多走出去，加強人際關係的累積。

21～30分者：老謀深算型

你很懂得謀略，知道如何避重就輕，懂得包裝自己的外在形象來掩飾工作上的一些小缺陷。廣結人脈是你在工作環境中如魚得水的一大因素，擁有這樣的性格在職場很吃得開，與同事關係融洽對晉陞有很大幫助。當然，工作還要出色，有成績，老闆才會更加欣賞你。

除了打工外，你也很適合自己做生意，在你的精心掌控下，一切都會朝著你期望的方向發展。

31～40分者：脫穎而出型

你很有自己的想法，也喜歡提出自己的意見，只是總沒辦法引起共鳴，常常都是差了臨門一腳，自己卻不知道問題到底出在哪裡。

其實，你欠缺的只是神來一筆的啟發而已。繼續發揮自己的創意，並努力付諸於實踐，平時多做些「課外功課」，打好功底，相信好的運氣就會來臨。

超過40分者：創意天才型

你的專業能力或許有些欠缺，可是你的創意能力卻十分出色。你能勝任自己的工作，但總覺得這份工作不能很好地發揮自己的才能，所以總是在不停地尋找機會。

你非常適合從事藝術類或設計類工作，關鍵要善加利用自己的長處。固定模式的工作類型並不適合你，你可以嘗試再找一份兼職，發揮自己的最佳才能。

28.

你的影響力如何

你有沒有發現，有些人只要一出現在某個團體裡，就會不自覺地成為核心，身上帶有一種無形的威嚴，別人的言行都會自然而然地受到他的感染，這就是影響力。你具有這樣的影響力嗎？看看下面的題目，試著從中找出答案。

1、你在所從事的某項事業、工作或所在的團體中，有很深的造詣，甚至成為公認的學術帶頭人，是嗎？

□ A、的確如此 (5分)

□ B、不是這樣 (1分)

2、在你看來，自己是個無論在知識上還是修養上都很出色的人。

☐ A、是的，我有這個自信 (5分)

☐ B、自己感覺一般 (1分)

3、假設你是一家服裝鞋帽店的老闆，一位顧客想要買一件名貴的大衣和一雙便宜的鞋子，你將先賣給他哪一樣商品？

☐ A、先賣鞋子，因為它體積小、便宜，可以快速成交，商家應站在顧客的角度為其多做考慮 (1分)

☐ B、高檔大衣，因為它價格高，生意如果做成，可以帶來很高的利潤 (5分)

4、你是否覺得自己具備了隨機應變的能力，能夠在各種地方都得心應手？

☐ A、是的，我有這個能力 (5分)

☐ B、某些場合我應付起來得心應手 (3分)

☐ C、不是的，很多時候我都會力不從心 (1分)

5、你的體重和身高是在以下哪個範圍內？

☐ A、很瘦，個子不高 (1分)

☐ B、中等個子，偏瘦 (3分)

☐ C、個子很高，體重適當 (5分)

☐ D、個子非常高，在190公分以上，很重 (2分)

6、你覺得下面哪種表述讓你更容易接受？

☐ A、我對自己的語言能力沒有完全自信 (1分)

☐ B、我的口頭表達能力非常優秀 (5分)

7、「你想要成為一個有所成就的人，並不在於別人對你的喜愛，而在於別人對你的敬重。」你認為上面的表述是否正確？

☐ A、完全正確 (1分)

☐ B、不正確 (5分)

8、以客觀評價為標準，你對自己所具有的吸引力是如何看待的？

☐ A、非常出色 (3分)

☐ B、出眾 (5分)

☐ C、一般 (3分)

□ D、差 (2分)

□ E、很差 (1分)

9、你大多數時候會選擇下面哪種款式的服裝？

□ A、十分前衛、新奇，使人看過一眼便難忘的 (1分)

□ B、比較流行的，我不太熱衷追趕潮流，但也不 會落後 (4分)

□ C、具有民族特色的服裝，比較大眾化的 (5分)

□ D、國外流行的款式，比如歐美的 (3分)

□ E、喜歡穿著簡單、隨意，不喜歡職業性服裝的 拘謹 (3分)

□ F、能將就湊合就可以了 (2分)

□ G、價格低、容易接受的服裝 (1分)

10、你很關心你在其他人眼裡的印象嗎？

□ A、的確，我對這個十分關心 (1分)

□ B、有一些在意 (2分)

□ C、稍微有一點兒 (3分)

□ D、很少 (4分)

□ E、一點也不會把這個放在心上 (5分)

11、你很愛看具有幽默感的漫畫嗎？

☐A、是的，我覺得風趣、有意思 (1分)

☐B、比較喜歡 (2分)

☐C、一點都不喜歡 (5分)

12、有觀點認為，只要所需要完成的目標是正確的，那麼達到目標所採取的方式、方法是沒有任何限制的，你同意這種看法嗎？

☐A、完全同意 (5分)

☐B、在某些時候同意 (4分)

☐C、不同意 (1分)

13、在你心裡，你更能夠接受下面哪種說法？

☐A、人活一輩子，始終做到表裡如一、說話算數是正確的 (1分)

☐B、在某些情況下，表裡如一不必過分強調(5分)

14、你對「人們只會對那些經過自己努力獲得的、來之不易的物品才會珍惜。」持有什麼樣的意見？

☐A、完全同意這樣的看法 (5分)

☐B、完全不同意這個觀點 (1分)

15、你感覺對別人表示衷心的稱讚是非常難做到的事，還是極其簡單的事？

☐ A、真心稱讚別人，是很容易的事情 (5分)

☐ B、這樣做是很不易的，我幾乎沒有這樣做過 (1分)

16、當你打算買賣一件價格不菲的物品，或者想為自己爭取更高的薪資，需要和別人就此進行談判時，你會採取下面哪種方式？

☐ A、如果是出售物品或加薪，我所出的價格將比我預期的高出許多 (5分)

☐ B、我所出的價格會略高於我所希望的，這樣雙方更容易達成共識 (3分)

☐ C、我喜歡直來直往，把心中的價格直接說出來，並告訴對方，沒有討價還價的餘地 (1分)

17、下面幾種說法，你覺得哪一種更有道理？

☐ A、作為領導者，在對下屬交代任務時，不必說得太多，只要讓其無條件完成即可 (1分)

☐ B、領導者安排下屬做某項工作時，一定要把一切都交代清楚，員工有權知道工作的整體規劃 (5分)

TEST

17～30分：

你的確沒有什麼影響力，你習慣受別人的限制或約束，你應該學得更有個性，每個人都是有優勢的，只是你的還沒有被發現和挖掘而已。

31～40分：

你對周圍人還沒有產生太大的影響力，也許你更習慣於平淡的生活狀態。

41～58分：

你所具有的影響力比你意識的要多些，有很多人被你的言行所影響，你屬於像老闆那樣被下屬尊重的人。

59～72分：

你已經具備了權威人士的氣質，你也許並不能將影響力擴散到各個層面，但在你所從事的工作領域內，你無疑是比較具有特殊影響力的。

73～85分：

你確實是一位能夠時刻影響別人的人，你身上所表現的身體特徵、心理特徵和政治態度，對別人總會產生一種威懾力量，不管你是否身處領導職務，你具有的這種影響力都是毋庸置疑的。

29.

你想有權有勢嗎

　　大多數做上司的，都是願意在更重要的位置上發揮自己更大的能力，以便為社會，為他人做出更多的貢獻，也有一部分人熱衷於權力在手，陶醉於對下屬吆喝的威風之中。你想當個領導者嗎？你有當上司的夢想嗎？你希望自己做個人上人嗎？下面的測試會告訴你！

　　想脫逃時，下列4種東西中，只能帶一個走，你選哪一個？

　　□ A、十字鉤
　　□ B、短刀
　　□ C、現金100萬
　　□ D、磁鐵

選A：

你的思考與實行間有一段距離，是個計劃者而不是實踐家。很會判斷情況，是你得到器重的原因。

選B：

反抗心很重，但不是無理的反抗權力。只要能溝通，你會是個很溫和的人。

選C：

你是一個致力於權力的人，雖有順從權力的傾向，但判斷力相當好，隨時處在優勢，即使情況不好，也不會自毀立場。

選D：

有人幫助時，可以充分發揮自己的能力。但在權力下，不能施展實力，也沒有反抗的熱情，才華容易被埋沒。

30.

你很精明世故嗎

1、受人侍候時常常侷促不安。

☐ A、是的 (0分)

☐ B、很難說 (1分)

☐ C、不是的 (2分)

2、在從事體力或腦力勞動之後，總是需要比別人更多的休息時間，才能保持工作效率。

☐ A、是的 (2分)

☐ B、很難說 (1分)

☐ C、不是的 (0分)

3、有時候覺得需要劇烈的體力勞動。

☐ A、是的 (0分)

☐ B、很難說（1分）

☐ C、不是的（2分）

4、喜歡跟有教養的人來往而不願意同魯莽的人相
　　交。

☐ A、是的（0分）

☐ B、很難說（1分）

☐ C、不是的（2分）

5、喜歡收拾被別人弄得一塌糊塗的局面。

☐ A、是的（2分）

☐ B、很難說（1分）

☐ C、不是的（0分）

6、興致很高的時候，總伴隨一種「好景不長」的
　　感覺。

☐ A、是的（0分）

☐ B、很難說（1分）

☐ C、不是的（2分）

7、希望——

☐ A、人們能彼此友好相處（0分）

☐ B、不一定 (1分)

☐ C、進行鬥爭 (2分)

8、認為一個國家最需要解決的問題是——

☐ A、政治問題 (2分)

☐ B、不太確定 (1分)

☐ C、道德問題 (0分)

9、即使去管理緩刑釋放的罪犯，也會把工作做得很好。

☐ A、是的 (2分)

☐ B、很難說 (1分)

☐ C、不是的 (0分)

10、如果徵求你的意見，你贊同——

☐ A、根絕心理缺陷者的生育 (2分)

☐ B、不確定 (1分)

☐ C、殺人犯判處死刑 (0分)

測驗結果
TEST

分數為13～20：

你精明能幹，通常處世老練，行為得體，能冷靜分析一切，對一切事物的看法是理智的，客觀的，有時甚至是譏誚嘲謔的。你應該避免成為冷酷無情的冷眼觀世者。

分數為7～12：

你較為世故，能比較客觀，冷靜，理智地思考問題，但有時也不免顯得有點幼稚，笨拙，這在很大程度上跟你的社會化程度不夠有關。

分數為0～6：

你坦白、天真、直率，通常思想簡單，感情用事，與人無爭，心滿意足。但有時顯得幼稚，粗魯，笨拙，似乎缺乏教養。要多參與社交生活，同時要注意適當的自我防禦，以免受到過多的傷害。

女排隊員和女籃隊員

　　甲、乙、丙、丁、戊五人，要麼是女排隊員，要麼是女籃隊員。在一次聯歡晚會上，她們請大家根據以下陳述進行推理。

　　甲對乙說：「你是女排隊員。」
　　乙對丙說：「你和丁都是女排隊員。」
　　丙對丁說：「你和乙都是女籃隊員。」
　　丁對戊說：「你和乙都是女排隊員。」
　　戊對甲說：「你和丙都不是女排隊員。」
　　如果規定對同隊的人(即女排對女排，女籃對女籃)說真話，對異隊的人說假話，那麼女排隊員是哪幾個？

□ A、甲、乙、丙

□ B、甲、丙、丁

□ C、甲、乙、戊

□ D、甲、乙、丁

□ E、乙、丙、戊

A：你答錯了。

首先，我們分析甲對乙說的這句話。

甲說：「你是女排隊員。」從這句話可推知，甲肯定是女排隊員。為什麼？因為甲、乙兩人是女排隊員，還是女籃隊員，從四種組合即可推出：甲乙女籃女排 (1)女籃女籃 (2)女排女籃 (3)女排女排 (4)題目規定對同隊隊員說真話，對異隊隊員說假話，那麼，(1)、(2)兩種情況都不可能。所以，甲是女排隊員。

其次，分析戊對甲說的話。戊說：「你和丙都不是女排隊員。」已知甲是女排隊員，因此，戊說的是假話。所以，戊是女籃隊員。分析丁對戊說的話。丁

說：「你和乙都是女排隊員。」已知戊是女籃隊員，而丁說的是假話。所以，丁是女排隊員。

從丙對丁說的話中，可以分析出丙說假話。丙和丁異隊，所以，丙是女籃隊員。最後，從乙對丙說的話中，分析出乙說假話。乙同丙異隊，乙是女排隊員。甲、乙、丁是女排隊員。

B：你答錯了，道理如A

C：你答錯了，道理如A

D：對了，道理如A

E：你答錯了，道理如A

32.

第7個字母

　　哥倫布發現了美洲大陸，他馬上就想教印第安人英文字母。於是，他問道：M、S、H、N、X、L這6個字母中有共同的性質，剩下的19個字母中還有一個字母與這6個字母性質相同，請問，是哪個字母？

☐ A、B
☐ B、E
☐ C、F
☐ D、W

選A：你的回答不正確

選B：你的回答不正確

選C：你的回答正確

選D：你的回答不正確

　　要想找出第7個字母，首先要弄清前6個字母的共同性質。除了從形狀上去觀察，更重要的是從發音上去總結。經比較你會發現，這些字母都是以「E」開頭的，第7個字形應該是F。

33.

特殊的年齡

　　一個人生於公元前10年，死於公元10年，死的那一天正好是他生日的前一天。請問，此人死時到底是幾歲？

- ☐ A、16
- ☐ B、17
- ☐ C、18
- ☐ D、19
- ☐ E、20

選A：你答錯了

選B：你答錯了

選C：你答對了

選D：你答錯了

選E：你答錯了

平日我們計算一個人年齡的方法是，用他卒年的年份減去他出生的年份。依此計算方法這個人的年齡應該是10－（－10）＝20歲，可是什麼問題都有其具體的情況，或者說特殊情況，所以要具體分析。因為一般的數列為…2，1，0，1，－2……而年歷當中則沒有公元0年，只能是……2，1，－1，－2…同樣，計算年齡也沒有所謂的0年公元指的是第一年。

另外，一個人的年歲一般是以生日為起點計算的，也就是生日前後差一天，年齡就差1歲，一般的計算方法在這道題中不能適用，正確答案應該是18歲。

34.

說謊俱樂部

　　警察逮捕了3個人，只知其中1個為「說謊俱樂部」的成員，另外兩個人是嫌疑犯。那麼到底這3個人當中誰是「說謊俱樂部」的成員呢？他們有如下的供詞：

審判員問：「你們誰是『說謊俱樂部』的成員？」

　　A答道：「……」審判員沒留神，未聽清，於是要求A再說一遍，A未再說。

　　B說：「A剛才說，他是『說謊俱樂部』的成員。我呢，當然就不是了。」

　　C說：「不！A雖然說他不是『說謊俱樂部』的成員，可是我也不是。」

　　□A、C是「說謊俱樂部」的成員
　　□B、A是「說謊俱樂部」的成員
　　□C、B是「說謊俱樂部」的成員

選A：你答錯了

選B：你答錯了

選C：你答對了

解決問題的關鍵，怎麼說也是推理能力、分析能力的問題，對於缺乏這種能力的人來說，這個問題是相當難的。

為什麼確定「說謊俱樂部」的人是B呢？理由如下：由「要求A再說一遍」來開始進行推理，有兩種情況：一種情況是，A是「說謊俱樂部」的成員。」那麼因為A說謊，當然會說自己不是「說謊俱樂部」的成員。

另一種情況是，A不是「說謊俱樂部」的成員，當然他就不會說謊。他的回答肯定也是「我不是『說謊俱樂部』的成員。」

總結兩種情況下A的回答，都是「我不是『說謊俱樂部』的成員，因此推斷出B在說謊話，他一定是「說謊俱樂部」的成員。

35.

海豚奇遇測你招人厭的地方

夏日海上奇遇。當你在海上悠閒地乘著船時,突然從海裡出現一隻海豚,奇怪的是,它竟然會說人話。你認為它會說出哪一句最令你驚訝的話:

☐ A、這裡有很多鯊魚,要小心哦。

☐ B、這下面有很多寶物!

☐ C、現在我所說的話都是聽來的……

☐ D、前面有個美麗的珊瑚礁!

☐ E、請別驚訝,我是被施了魔法才變成海豚的!

☐ F、對不起,請問現在幾點了?

117

測驗結果
TEST

選A：

對於他人的錯誤，多少也寬容些吧！你選擇了讓你知道危險的詞句，可見你是個非常細心的人，粗心大意的錯誤很少會發生在你身上。至於麻煩別人的事當然會有，但通常都是別人先向你求救。正因為你都過著精神緊張的生活，所以絕對不會饒恕吊兒郎當的人，你已變得很神經質了！這樣是會被人討厭的！

選B：

對任何事要小心謹慎，好好努力去掌握它吧！你有時挺糊塗的，大小不同的失誤常一個接一個來，而且令人吃驚的是，這些失誤會一直重蹈覆轍，簡直是個糊塗到家的人。雖然給週遭的人添了很多麻煩，但他們接觸你之後，就已經看透了你的粗枝大葉，所以也能漸漸接受，比較沒有受害的感覺。

選C：

你要養成深思熟慮之後再說的習慣，不要不經大腦就把話說出來。你是屬於一不留神就容易造成「禍從口出」的犯錯類型，常將別人的祕密說出來，或是用漫不經心的言語去傷害對方。雖然你沒有惡意，但

在得意忘形中，常會把話說得過分些，這種錯誤所帶來的困擾，是心理方面的傷害，所以非常嚴重。

選D：

若光用撒嬌來處理過失的話，總有一天你會闖出大禍的。選擇維持悠閒對白的你，常會因粗心而犯錯。因為你的個性很開朗，所以不管什麼樣的失誤都能應付自如。當然這也會給周圍的人添麻煩，可是你都會以笑容來獲得別人的諒解，你應該可以獲得最佳演技獎。

選E：

在完成大的案子之前，請特別注意放鬆的那一刻。你是個很可靠的人，幾乎沒有粗心大意的問題，但只要稍一健忘，就會發生很大的過失。週遭的人萬萬沒想到你會發生問題，所以麻煩就特別大。

選F：

如果你真的常會忘記一些事的話，就要養成做筆記的習慣！選擇海豚詢問時間的你，是屬於對自己缺點瞭如指掌的人。你的失誤是因為你很健忘，一會兒忘了會面的地點，一會兒又將皮包遺忘在火車上，這種失誤總會有一兩次吧！至於給週遭的人所帶來的麻煩則要視情況而定，但都比不上自己的損失大。

36.

模擬破案測你在逃避什麼

　　有個68歲的大富豪在家中被殺了。你現在是一名刑警 (金田一也好、柯南也行)。經過種種的搜證，你得知這富翁不但小氣，又好色，在他的家族中有許多人都恨著他。這其中有五個人嫌疑最大。

　　你分別和每個人都做了以下的口供，憑你的直覺來判斷，你覺得誰是最可疑的人？

　　□A、富翁的老婆 → 62歲的玉枝

　　　　供詞：「我是他的老婆，我一直都很愛他，怎麼可能會殺了他？」

　　□B、富翁的養子48歲梅森

　　　　供詞：「絕對不是我！雖然我因為欠下巨款而煩惱著，但絕對不是我！」

□C、富翁的私生女兼傭人24歲李萱

　　供詞：「沒錯，我的媽媽是恨著我父親去世的，但是犯人絕對不是我。」

□D、富翁的小兒子；30歲的陳浩

　　供詞：「我的父親就是眾所皆知的，是一個很惡劣的人，所以這種人會被殺是沒有辦法的事情。不過，你懷疑我有作案的可能是說不通的，因為那個時間我正好在外地，我有不在場證明，連證人都有。」

□E、一名被軟禁在曾家牢房裡的男子

　　供詞：「這個家的人最好全部死光光！哈哈哈……」

選A的人：想逃避糾纏不清的關係！

　　你認為死者的老婆，在做了那麼多年的老夫老妻之後，竟會親手將對方殺害，這有違一般的夫妻愛情觀。其實，夫妻關係也正代表著人際關係。會想把人際關係切斷，正暗示出你現在不管是對於社會、學校或是公司之間那種黏人、糾纏不清的人際關係感到厭

煩，或者也代表你對目前正在交往的戀人開始感到反感。

選B的人：想逃避生活中的約束！

養父子的組合其實就是代表著「義務」和「約束」的象徵。這代表現在的你對於工作和學業的態度。是抱著一種「不做不行、非常勉強」的感覺。所以你很想逃、很想放開一切。

其實長期的一再壓抑自己會造成身心上的傷害；最好是試著換個心態去面對你的工作，否則人的忍耐是有限度的，一旦到了不可收拾的地步就太遲了！

選C的人：想逃離過度的關愛！

一般會需要傭人的家庭，大都是因為有了孩子。從這個角度去推測，正好暗示了對愛情的飢渴。在你的心中非常地渴望著愛情，不過同時也正為了雙親加在身上的過度親情而感到很大的負擔。

父母親過度的關愛常常令你喘不過氣來，這是你現在最想逃避的一項壓力。

選D的人：想逃離世人的眼光！

這個人是死者的正式財產繼承者，他卻說出了實話。這個答案也同時暗示出世間的道德和倫理感。你現在正受到所謂的社會常識和道德所壓迫著，然後感到非常地痛苦。

很多事你想去做卻又害怕世人的眼光，我勸你不要那麼放不開，只要不是傷天害理的壞事，人都有追求自己夢想的權利，不妨放手一搏吧！

選E的人：想逃離不理想的情緒！

你不覺得這個男子是一個很奇妙的角色嗎？在牢裡面說出一些非常偏激的話，精神似乎已經有一點異常了。會選這個答案的你，代表著在你看似普通、平靜的心中，其實正潛伏著非常偏激的情緒。這在心理學上是稱之為「情動」。

你現在很想從非理性的情感中逃脫出來，除此之外，你很想成為一個更有理性、冷靜沉著的人。

37.

你哪方面第六感最強

當人魚公主救了王子、你覺得王子開口說的第一句話會是什麼？

□A、這海水好鹹！

□B、游快一點、我快冷死了！

□C、你是誰？怎麼沒穿衣服？

□D、小姐你好漂亮，我們可以當朋友嗎？

選A：這海水好鹹！

你對於錢財有極敏銳的第六感，像是投資理財、買股票或投資房地產等等，你的直覺通常都能為你帶來一筆不錯的財富。

選B：游快一點、我快冷死了！

你在感情外遇上，能藉由神準的第六感得知，只要對方有一點點圖謀不軌，你通常能夠馬上察覺！

選C：你是誰、怎麼沒穿衣服！

你識人的能力極佳，能夠憑第一直覺就知道對方來意是好是壞，也能清楚分辨誰是你的貴人或小人。

選D：小姐你好漂亮，我們可以當朋友嗎？

你對於事業上的方向及目標都能清楚預料，同樣的，對於如何選擇生意上的合夥人也能敏銳的辨別出來！

38.

你被人誤解的地方

　　這是童話裡的一部分，在空格中你認為應該填入什麼樣的詞呢？

　　不管巫婆問魔鏡幾次，魔鏡總是回答：「在這個國度裡，最美的人是瑪莉亞公主。」於是生氣的巫婆施了魔法將瑪莉亞公主變成……

□ A、一朵玫瑰花

□ B、一隻燕子

□ C、一隻青蛙

□ D、一隻豬

A：選「一朵玫瑰花」

本來你可以帶給大家歡樂的氣氛，可是只要你一沉默，很可能就被人誤會成耍大牌。

B：選「一隻燕子」

你是個注重禮儀、文雅高尚的類型，因此很容易讓對方誤認你是裝腔作勢的大小姐。

C：選「一隻青蛙」

在別人面前，你會傾向於爽朗、舉止滑稽可笑，可是一旦大聲笑時，要注意會被人誤認為粗野人。

D：選「一隻豬」

你充滿了熱情，具有討人喜愛的一面，一旦別人有困難，你就會馬上伸出援手，但也因為如此，恐怕有時會被誤以為愛管閒事。

39.

你第六感到底有多強

　　超級有潔癖的你，今天正在陽台上晾衣服，全都曬好後，你又回頭檢查一次；你銳利的目光馬上掃瞄到，其中一件衣服上面，竟然有個污點沒洗乾淨；這對向來以整齊清潔模範生自居的你，真是個天大的打擊！好了，讓我們來找找看，是哪一件衣服，教你顏面盡失！

　　想知道自己的識人能力與洞察力如何嗎？這道測驗題，便是用來發掘你能看透他人的「超能力」；可別被你的第六感超能力嚇到！

- [ ] A、紫色
- [ ] B、乳白色
- [ ] C、黃色
- [ ] D、深紅
- [ ] E、綠色

選A：

你可能會畏懼戀愛。你的第六感超能力，最準的便是能洞察他人「討厭」什麼。然而這樣的敏銳，可能會讓你自己畏懼戀愛；這是因為你很容易就能得知，你心儀的人對你有沒有意思。別難過，不要氣餒！說不定一樁「美美的」愛情，正等著你呢！

選B：

選這個答案的人，是最有可能成為異能者的人了！因為這類人可能具有洞察他人前世的能力，所以如果有人想追你，並以「你我前世如何如何」的話向你訴情，通常都是白費心機；因為你一眼便能感覺出和他到底有沒有緣。

選C：

天生對性就很「敏感」。不曉得是不是你的性經驗太豐富了，資歷老到足以看透對方有無性經驗。其實你天生對性就很「敏感」，再加上你豐富的經驗，當然就很容易猜到他人是否偷嘗禁果。

選D：

最適合做生意或是招待客戶。你的特點就是，對於對方的動作及行為很敏感，能藉由「動物本能」查知對方下一步的行動，所以說，你這種人最適合做生意或是招待客戶，因為你的細心和敏銳的觀察力，很容易抓住人心。

選E：

擅長的就是揭穿戴著面具的偽君子。你的直覺非常準確，所謂的「讀心術」就是你所具有的能力，所以，你最擅長的就是揭穿戴著面具的偽君子。例如在公車上，抓住色狼或扒手的，就是你這種人。

40.

你的應變能力如何

在我們的一生中，需要應付各種各樣捉摸不定的情況，這就需要機敏的應變能力和迅速的行動能力。透過測試看看你面對突發事件的反應能力吧！

媽媽在抽屜裡發現了你的銀行帳單，打電話質問你為什麼花的總比賺的多？你的回答會是：

☐ A、只要我喜歡的東西我就不計價錢，買下來的那一刻讓我覺得特別滿足。

☐ B、我等一下再打給你，車子馬上就要過隧道了，訊號不太好。

☐ C、我剛剛失戀，要給自己一點補償。

選A：

　　你是一個思維敏捷的人。你說話的技巧就是你用來達到目的強而有力的武器。你事先不用任何準備，臨場就能機智的予以回擊。自我和自信，你一樣都不缺。

　　更絕的是你的針鋒相對除了表明你的靈敏與活力之外，還讓對方找不到任何反駁的機會，只能甘拜下風。你下一步的努力方向是要嘗試著減少語氣或用詞上的攻擊性，多增加些幽默感和女孩的嬌嗔，不要讓對方被你的強勢所嚇退。讓他們既怕被打敗卻又喜歡與你交鋒，這不就是現代小女人最想掌握的小伎倆嗎？

選B：

　　你是一個深思熟慮的人。如果有人對你說話的時候話中帶刺，你就馬上犯結巴。儘管絞盡腦汁的想給予回擊，卻是徒勞。能言善辯的即興發揮並不是你的強項，不過一旦給你足夠的時間讓你思考成熟，你就會變得堅不可摧，絕對能讓對方啞口無言，但有時卻

為時已晚！縱然你在事後有滔滔不絕的千般道理，也無法體現你的睿智。

不要認為不成熟和不完美的語句就代表沒水準，重要的是你必須在瞬間場合下給予回應。至於語言的雕琢，就在反覆的練習中慢慢提升吧！

選C：

你是一個反應遲緩的人。你有些害羞，對自己也沒有足夠的自信。面對需要快速回應的場面，你最多只能在頭腦裡有些模糊的概念，卻缺乏說出口的勇氣和速度，因此很難和別人形成你來我往的對峙狀態。而事實上，你可能有別人意想不到的異常活躍的內心世界，只是你不知道自己是否有能力去和別人一爭高下。

想要訓練自己的膽量，就先從與身邊的人辯論開始，可以是媽媽，也可以是好朋友。一段時間之後，不管在什麼場合面對什麼人，你都會是伶牙俐齒佔據上風的那一方了。

測一測你是丫頭命嗎？

　　人們常說命中注定，冥冥之中，你的命運似乎一直在朝著一個事先安排的軌道走。其中一切的變故或是轉折，似乎都是天意，假如你是相信命運的人，來看看你這輩子到底是個什麼命吧？

1、你一直在奮鬥著，努力做個上進的人
☐ A、是的 → 2
☐ B、不是 → 3

2、但本質上，自己是個很消極的人

□A、是的 → 3

□B、不是 → 4

3、感情比金錢珍貴多了

□A、是的 → 4

□B、不是 → 5

4、對於所有的付出，都期待著回報

□A、是的 → 6

□B、不是 → 5

5、喜歡傾訴，但要對特定的人而言

□A、是的 → 7

□B、不是 → 6

6、說話總是很客觀，不會刻意掩飾自己的過失

□A、是的 → 7

□B、不是 → 9

7、儘管自己有過失，還是會讓別人覺得自己是對的

□A、是的 → 8

□B、不是 → 9

8、害怕別人知道自己真實的想法

□A、是的 → 10

□B、不是 → 9

9、奮鬥的終極目標一定是物質為先的

□A、是的 → 10

□B、不是 → 11

10、覺得貧窮的人說很幸福是可笑的

□A、是的 → A

□B、不是 → B

11、自在逍遙比激烈的愛讓自己舒服

□A、是的 → C

□B、不是 → D

A：與生俱來的富貴命

你天生就有一種入世的智慧，絕不浪費時間和精力在無聊的事情上，你不會莫名其妙的鬱悶，頹廢和傷感。在你身上，永遠散發著自信和張揚的魅力。

在任何時候你都是很現實的人，社交能力尤其突出。甚至在面對感情時，都沒有一點應該的瘋狂和偏激。所以，你人生的成功也需要犧牲很多感情為代價。

B：複雜和矛盾的人生

你是個強硬，善良，聰明又極度虛榮的人，你身上的這些特點，很難同時出現在一個人身上，所以注定你是個複雜而矛盾的多面體。

你常常在真誠的同時，暴露出你虛偽的一面；又或者是在別人感覺你很實在的時候，流露出你虛榮的一面。讓人覺得你實在太複雜太矛盾了，但在大方向上來說，是個很單純的人。

C：天生脫俗活得瀟灑

你和別人太不一樣了，不是嗎？你做的事說的話，無不顯示出你是一個與眾不同的人。讓人覺得你腦子裡就是有東西，而且你並不是故意如此，也可以解釋為天性使然。

但是在精神上在想法上，你就是比別人高出一截，或者你很不喜歡這個說法，你覺得自己再普通不過，但其實你就是一個與眾不同的人。

D：心比天高的丫頭命

這個世界讓你看不順眼的東西太多，以至於讓你為自己的不同煩惱不已。有時覺得自己要抓牢所有物質，感情是個屁；有時又不顧一切的去追求感情，將所有物質踩在腳下。

你是個情緒化的人，佔有慾非常強，尤其在愛情上，不給對方足夠的空間。你很需要別人的感情，只有別人對自己有感情才會讓自己有安全感。

求知慾測試

假日裡如果你自己或你帶孩子去美術館或博物館參觀，你會選擇去以下哪一個地方？

☐ A、美術館
☐ B、博物院
☐ C、自然博物館

選A：

你一向自己認為是一個幽雅的人，有個人獨特的品位和生活步調，不從眾隨俗，也不屑和其他人一窩蜂地去趕流行。所以當網路的熱潮席捲而來時，你完全不為之所動，甚至於有一點點要超脫的心態。

可是，當你發現自己能從中得到需要的資訊，還是會願意「上網」的，而且你也很清楚自己想要的是什麼

選B：

說真的，你的資訊焦慮症還挺嚴重的，凡大大小小的事務，你一定都要瞭解，不然就會覺得空虛，無所適從。所以當你看到電腦業開始風行，就會趕緊跟上潮流，走在時代的尖端。

所以朋友總是覺得你是最值得信任的顧問，一有什麼不懂，或是參加電視益智回答，電話問你馬上就會得到解答。

選C：

你對於學習完全是實用主義者，只要是對你有幫助的，你就會很認真地去學。不過如果看起來不太相干，那麼你就不會有什麼興趣。

可是純粹憑著自己的判斷，或許會慢人家半拍，等到整體環境已經改變，你才開始意識到要加快腳步，很可能差一點就趕不上風起雲湧的網路狂潮。

43.

他的開車姿勢屬於哪一種

　　開車與個性，似乎沾不上邊吧？觀察一下那些當駕駛的人，尤其是處於戀愛中的人，你會發現每個人駕車的方式絕對不一樣。心理學家認為：從駕車的方式上可看出一個人的個性如何。你的男友平時怎樣開車呢？請在下面4種情況中，選擇他符合或接近的一項。

　　□A、方式特別，常一邊抽菸一邊開車，或停車時把腳抬到方向盤上
　　□B、嚴格遵守交通規則，紅燈停，綠燈行，開車也特別平穩
　　□C、在你認為不可能的情況下他仍勉強超車，賣弄車技，更不允許別人超車，爭強好鬥
　　□D、順著車流前進，力求穩當；稍有意外，立即早早煞車

測驗結果
TEST

選A：

屬於此項的男人個性獨特，為人剛直不阿，一切照自己的方式來做。整體而言，他是個理想主義者，能力也較突出，所以不會巴結、奉承他人。

在愛情中，他常常較有主見，把一切安排妥當而又有新意。唯一的缺陷是，人家可能認為他太以自我為中心了，處事不夠圓滑。

選B：

你的情人是個真正的君子，凡事腳踏實地，因此大可放心。只是，他過於嘮叨而又一絲不苟的個性也可能讓你感覺他了無趣味，缺乏生氣，不太受現代女性們歡迎。

話說回來，在這個浮躁、講求標新立異的男人世界中，這種男人雖不夠突出，卻絕對可以做個好丈夫。假如在你的幫助下，他在與別人的溝通、交際上能有所進步的話，成功的機會反而較大。

選C：

說明你的情人是個能令女孩子心動的男人，他的灑脫、自信可能一下子吸引住你的目光。不妙的是，說到做丈夫上，他還不夠成熟、實在，則應多考慮一番！

這類男人多半在某些方面較為出色，但個性不夠老練，愛慕虛榮，傲氣十足，在男女相戀上，這類男人知道如何設法讓你得到滿足，讓你充分體味他的陽剛之氣，只是，這絲毫不能保證，在婚後他也會如此費心費力地討好你了。

選D：

如果你有這樣的男友，那你真是慧眼獨具！他為人耿直，又善於和人相處、適應力強、辦事利落，在各種場合，都較受人尊重和注目。不管在工作和戀愛上，他都有周密的計劃，有板有眼，循序漸進，可以使任何人信任他。

儘管他什麼事都盡職盡責，可在內心裡，他有時也不怎麼自信。但女人們應知道，謹慎可不是男人的缺點，假如你們正在熱戀之中，你又從沒有主動做過什麼的話，那麼不妨主動一次，趕緊向他求婚吧，抓住好丈夫的最佳人選要緊。

男友讓你穿什麼衣服

　　以下有四種時髦裝扮，你覺得你的男友會向你推薦哪一種呢？透過以下的遊戲能讓你從側面瞭解你的男友的部分心理。

□A、凸顯身材的貼身連身短裙裝扮

□B、上下兩截露出肚臍的裝扮

□C、兩側開高衩的長窄裙裝扮

□D、小可愛外罩薄紗的裝扮

選A：

你是不是覺得他像一隻柔順的小綿羊呢？的確，覺得這種裝扮最性感的男人，大都有一個斯文的外表。但是，這類型的人其實具有非常野狼的潛在特質，是屬於高危險群的人物！

他是很懂得玩、也很會玩的人，對於自己的真正目的及慾望，都能夠控制得非常好。

選B：

直接露出肚臍的裝扮真的是很性感。但是這種性感已經讓人在視覺上很滿足的了，剩下的想像空間並不大，自然也就不會讓人產生什麼性幻想了。想要談一場純純的愛的話，他絕對是第一人選。

不過這樣的戀愛模式短時間還可以，久了難免總是會讓人覺得好像少了些什麼。他的性慾其實很容易點燃的，建議你有時不妨主動一些，你們的感情就會更上一層樓！

選C：

有人說懂得欣賞女人的人一定是先看女人的腿。他不但欣賞腿，還喜歡那走起路來若隱若現的開高衩窄裙裝扮，認為那樣是最性感的。可見他的慾望很容易地就寫在臉上了，與他交往的人也多能警覺到他的主要企圖。

小心啊，哪天當他處於飢餓狀態下時，很可能會侵犯你。

選D：

他到底是溫馴的羊還是大野狼呢？實在很難辨別。因為他會因對象的不同而有天差地別不同的態度出現。還不光是這樣呢，就算對象是同一個人，他也會因時、因地而有完全不同的表現。

一般來說，這樣的人是屬於比較浮躁的，對於自己的慾望也比較不懂得控制。當氣氛、感覺到了，他可是會無法克制、不顧一切地伸出狼爪，吃掉眼前的獵物的。

45.

你被欺負的指數有多高

被親友安排相親，遇到什麼樣的情況你會毫不猶豫地離開，不給面子立刻走人？

- ☐ A、又胖又矮的人
- ☐ B、談吐低俗完全沒氣質的爛人
- ☐ C、整型醫師看了都會絕望的醜八怪
- ☐ D、窮衰的無業遊民

選A：

你被人欺的指數50％，你心胸比較豁達，不愛計較，別人犯了錯傷害到你的時候你總會習慣性的原諒別人，結果就是令對方有恃無恐，一遇到問題就第一個想到犧牲你了，其實有時候發現既是保護自己也是教育那些小人，不要總是對方打了你左臉，你還把右臉送過去，有時候光憑包容是解決不了問題的。

選B：

你被人欺的指數80％，傳說中的和事佬就是你了，雖然你喜歡瞎攪和，但其實你是一個有脾氣的人，不過更加是一個「忍者」，被人欺負了你會覺得不爽，但是本著和氣生財的守則，你會一退再退，有沒有由此生財大家不知道，不過更多人會覺得，你就是個軟柿子，不捏白不捏。

選C：

你被人欺的指數⋯⋯算了，我仁慈點，不要太打擊你，給你打個折，99％吧！傳說中，秉持吃虧就是佔便宜加被人佔了便宜自己還不知道的人就是你了，心胸開闊又簡單的你，在很多人眼裡看來真是吃虧無數又不長進的笨豬，但是另一方面又傻人有傻福，你的善良有不少人會記在心裡，一面被惡人挖坑埋掉了另一面馬上又會有貴人伸手拉你，到底是福是禍還真是一下也說不清楚啊！

選D：

你被人欺的指數20％，你不欺負別人已經是你的慈悲了，有原則又好勝心強的你做事認真又上進，你會覺得弱者自有導致他弱勢的自身原因，不會說看到誰裝可憐了就放他一馬，沒惹到你就井水不犯河水，但一旦誰踩到你的地雷，管他三七二十一，一定追究到底，看他以後還敢不敢再危害社會人際和諧。

46.

求人不如求己，求人指數揭祕

　　求人不如求己，2022年你的求人指數是多少？趕緊測試一下吧：

　　帶著一個精緻的小提包要出門，卻發現除了錢包，只能再放一件東西，你會選擇放入哪一項？

□A、鑰匙

□B、行動電話

□C、車票

□D、衛生紙或是手帕

測驗結果 TEST

選A：

你是一個很自制的人。這是因為你的自尊心極強，

討厭去拜託別人，最深惡痛絕那種得到便宜又賣乖的人，即便是當時有求於人，你也無法壓抑住怒氣，是個有點火爆的人。求人指數40％。

選B：

你很喜歡別人依賴著你的那種感覺，也喜歡有人可依靠。這樣會使你覺得自己是很重要的，但事實上，別人能不能幫不幫得上忙，好像只是次要的問題，重要的是虛榮心得到滿足。求人指數85％。

選C：

你是一個很自立的人。什麼事幾乎都可以獨自辦好，對於別人的請求，總是能義無反顧的答應，為人處世的哲學就是柔軟自在，所以不會像選鑰匙族那樣，視「請求」為忌諱，該求人就求人，該靠自救時就靠自己。求人指數60％。

選D：

你是個很嚴謹的人。總會謹守自己的本分，所以遇到缺乏自制的人，臉上就會不經意出現不悅的神色，因為你向來不求人，也不喜歡人家求你，想要向你求助的人，最好有吃閉門羹的心理準備。求人指數10％。

47.

最大的自信

在一間房間裡你會在牆上掛什麼？

☐ A、畫

☐ B、照片

☐ C、年曆月曆

☐ D、掛鐘

測驗結果
TEST

選A：

由選擇推斷：你是重視情調的人，親情與友情深深包圍著你。你最大的自信，來自於好好安排自己的生活，過一個有品味的人生，才能凸顯你的能力。但是生活一旦被人際關係困擾，常使你受到嚴重打擊，

因為在感情的世界裡，你是理想主義者。

選B：

由選擇推斷：你的自信來自於別人對你的肯定。你認為要在良好的人際關係中維護自尊，衣著外表非常重要。別人對你投射讚賞的眼光，會使你充滿自信，當然良好的家庭背景、高學歷等等，也是你所重視的，因此你是比較傳統守舊，卻又追求時尚流行的人。

選C：

由選擇推斷：你有很多雄心壯志，深具野心要完成許多工作，因為自信來自於能力表現，是苦幹型的人。為達到速效，使行為舉止不修邊幅，看來有些粗魯，十分衝動。因為你太過於實際而不懂掩飾野心，常使人認為你是貪心、勢利、又無趣的人。

選D：

由選擇推斷：你的自信來自於工作效率，花許多心思計劃和安排，因此當你採取行動時，已有相當成熟的計劃。你是很好的策略性人物，尤其對重要事件，從來都不馬虎，即使是參加重要宴會，也會仔細考究穿著。小心你熱衷工作的程度，有不成功便成仁的可能，別太過勞心。

初次見面你給人留下好印象嗎

你喜歡哪種沐浴地點？

□A、露天洗浴。

□B、設施完備的高級浴室。

□C、像法國電影裡出現的那種西式浴盆。

選A：

選擇露天洗浴的女孩有勇氣。選擇這項的人能給對方安心的感覺，即使初次會面也能坦然地談話。

選B：

選擇這項的人與初次見面的人講話會感到緊張。但給人的印象是非常謹慎，善於與人交往。

選C：

選擇這項的人與別人之間隔著一道牆，特別是男性，初次見面時也許不會給人留下好印象。

別人在背後罵你什麼

　　加完班晚上一個人回家的時候突然看到路邊牆角躲著一個小孩，你猜測他為什麼要一個人躲在那裡呢？

　　□ A、和其他小朋友在玩躲貓貓

　　□ B、和家裡吵架，離家出走

　　□ C、故意躲在一邊想嚇嚇路人

　　□ D、他回家路上尿急，在那裡尿尿呢

選A：

　　你的內心深處還是小孩子，不管你是20、30還是40歲，很多時候不自覺的就會講一些嗲嗲的話，或者做可

愛的表情，但是如果對方看了你很多年或者對方年齡和你同歲甚至比你小的話，日子久了就會覺得煩了。

選B：

開朗喜歡交朋友的你很喜歡和人分享開心的感覺，也喜歡把你和你身邊的人的事情分享給別人聽，有時候為了增強視聽效果甚至還會添油加醋，你是沒有惡意，但是在對方的心裡有時候就會覺得你太八卦了。

選C：

直來直往又有正義感的你，做事說話衝動不愛動大腦，很多時候會給人很火爆的印象，再加上偶爾有點情緒化，即便是和你在一起很久的人也不確定你什麼時候一不小心就又要爆發了。

選D：

你是一個老好人，覺得凡事要以和為貴，不要強出頭，怕自己去爭取利益時得罪人讓別人不開心，經常能忍就忍，能讓就讓，但是對方有時候就會覺得你沒原則，自己的利益也不會去爭取，有時候甚至會有恨鐵不成鋼的感覺。

50.

你是否善於交際

請回答下面的問題：

1、一位朋友邀請你參加 (他)她的生日。可是，任何一位來賓你都不認識：

☐ A、你藉故拒絕，告訴 (他)她說：「那天已經有別的朋友邀請過我了」。

☐ B、你願意早去一會兒幫助 (他)她籌備生日。

☐ C、你非常樂意藉此去認識他們。

2、在街上，一位陌生人向你詢問到火車站的路徑。這是很難解釋清楚的，況且，你還有急事：

☐ A、你讓他去向遠處的一位警察打聽。

☐ B、你盡量簡單地告訴他。

☐ C、你把他引向火車站的方向。

3、你表弟到你家來，你已經有兩個月沒有見到過他了。可是，這天晚上，電視上有一部非常精彩的電影：

☐ A、你讓電視開著，與表弟聊天。

☐ B、你說服表弟與你一塊看電視。

☐ C、你關上電視機，讓表弟看你假期中的照片。

4、你父親給你寄錢來了：

☐ A、你把錢擱在一邊。

☐ B、你買一些東西，如：油畫、一盞漂亮的燈，裝飾一下你的臥室。

☐ C、你和你的朋友們小酌一頓。

5、你的鄰居要看電影去，讓你照顧一下他們的孩子。孩子醒後哭了起來：

☐ A、你關上臥室的門，到餐廳去看書。

☐ B、你看看孩子是否需要什麼東西。如果他無故哭鬧，你就讓他哭去，終究他會停下來的。

☐ C、你把孩子抱在懷裡，哼著歌曲想讓他入睡。

6、如果你有閒暇，喜歡做些什麼事？

☐ A、待在臥室裡聽音樂。

☐ B、到商店裡買東西。

☐ C、與朋友一起看電影，並與他們一起討論。

7、當你周圍有同事生病住醫院時，你常常是：

☐ A、有空就去探望，沒有空就不去了。

☐ B、只探望和你關係密切者。

☐ C、主動探望。

8、在你選擇朋友時，你發現：

☐ A、你只能與你興趣相同的人們友好相處。

☐ B、興趣、愛好不相同的人偶爾也能談談。

☐ C、一般說來你幾乎能與任何人都合得來。

9、如果有人請你去玩或在聚會上唱歌，你往往是：

☐ A、斷然回絕。

☐ B、找個藉口推辭掉。

☐ C、饒有趣味地欣然應邀。

10、對於他人對你的依賴，你的感覺如何？

☐ A、避而遠之，我不喜歡結交依賴性強的朋友。

☐ B、一般來說，我並不介意，但我希望我的朋友
們能有一定的獨立性。

☐ C、很好，我喜歡被人依賴。

說明：1～10題：A、為1分，B、為2分，C、為3分。

25～30分：

你非常善於交際，你的夥伴們非常愛你，你總是面帶笑容，為別人考慮的比為自己考慮的要多，朋友們為有你這樣一位朋友而感到幸運。

15～24分：

你不喜歡獨自一個人待著，你需要朋友圍在身邊。你非常喜歡幫忙別人，如果這不花費你太多精力的話。

15分以下：

注意，你置身於眾人之外，僅僅為自己而活著。你是一位利己主義者。要奇怪為什麼你的朋友這樣少，從你的貝殼中走出來吧！

你的交際手腕及格嗎

三天後，你與心儀的人有個約會，你有意表達自己的愛慕之意，這時候，在約會的前兩天，你會做哪些事前準備工作？

☐ A、先把要講的話準備好
☐ B、先去買一份禮物
☐ C、再多打幾次電話聊聊天
☐ D、多打聽一些他的私事
☐ E、什麼也不必準備

A：選「先把要講的話準備好」

你有點狡猾，你從來不打沒準備之仗，在人際交往上也是如此。即使是簡單的接觸，你也要提前準備，

考慮到各種可能發生的情況。碰到你還有什麼話好說的。

B：選「先去買一份禮物」

你是一個善於體諒別人的人。在人際關係上，你講求「將心比心」，信奉以誠待人；但記住，社會是非常複雜的，這種方法可不是百戰百勝的啊！

C：選「再多打幾次電話聊聊天」

你的猜疑心太重了！這樣是不會對人際關係有好處的。

D：選「多打聽一些他的私事」

你缺乏穩定的能量。你在生活上是個腦筋不錯、老是在改變的人，你很難被瞭解，思想也與一般人不太一樣，有興趣的事物也比較少人喜愛。雖然很多人佩服你的頭腦與才華，但是你的生活相當不穩定，總是感覺自己很不踏實，所以你最缺乏的是穩定的能量。建議你要克服自己老是跟他人唱反調的習慣，也許有時候你是對的，但要記得這世界上的對錯是由大多數的人所決定的，而不是你。

E：選「什麼也不必準備」

你在交際中率性而為。由於你的率性，所以你很難聽得進別人的意見。這樣的性格會讓你在交際中吃虧不少。所以，你再也不能總是由著性子辦事了。

52.

人際交往中，對待對方的態度

忽然間，有個不熟的人對你百般討好，你會：

☐ A、以平常心與對方交往

☐ B、不拒絕，但心有防備，對方必定有所圖

☐ C、馬上拒絕，不給對方機會

☐ D、自認有人緣，高興、開心

選A：

　　你不想預設立場地去給人戴上敵人或朋友的帽子，你也相信對方只是想跟你做朋友，所以你寧可以平常

心來和對方交往，因為這樣的心態沒有壓力，而且可以坦誠地表現自我，所以你的心中不會有任何防衛意識來隔離對方。

如果對方真有所圖，相信也會自動打消念頭，因為你不會預設立場，當然也就不會受對方影響，被對方利用。所以，你的這種心態應該是不會樹敵的。

選B：

你是個很有戒心的人，尤其是面對陌生人的時候，你的自我防衛系統就會自動開啟，靜待對方的攻勢。正是由於你有這樣謹慎的態度，所以你的人際關係通常是四平八穩的，就算有敵人要暗算你，也不是很容易的事。

除此之外，你也有很沉著的性格，即使知道對方有所圖，也不揭穿對方的把戲，這是一種很成熟穩重的做法，它可以使你不會無端得罪人。

選C：

你的自我防衛系統可能反應得太過了，所以會一口回絕，不給對方機會。這種做法多少會影響到你的人際關係，如果對方是誠心想和你做朋友的，那你就會增加一個敵人。你的心態是對任何人都沒有安全感，

尤其是陌生人，因此，你隨時都處在戒備狀態，所以才會有這種過度激烈的反應。

為什麼你會這樣？也許你曾經受過傷害，也許你曾經受過刺激，也許你是天生的神經質。不管你是什麼原因，最好稍微開放一點心靈空間，不要太封閉，否則你的人際關係將陷於一種封閉狀態，對你的心理健康來講，也會有很大的傷害。奉勸你一句，有時候敵人只是你心裡面製造出來的假象，你才是自己最大的敵人！

選D：

你是一個自我意識強烈，只為自己著想的人。因為你心中想的又是自己，所以你很容易被人抓住弱點，有所企圖地接近你。

只要對方對你稍微慇勤一點兒，對你說點兒好話，你很容易就會陷入自我期待中，認為自己真的是很受歡迎的人，因此你的心防就被全部打開，接下來，無論有心人想如何利用你，你都只能乖乖地任人擺佈了。

53.

灰姑娘與你的人際交往

幾乎每一個人小時候都聽過「灰姑娘」的童話故事，在下面的幾段故事當中，你對哪一段印象最深？

☐ A、灰姑娘試穿玻璃鞋，剛好合適

☐ B、舞會中灰姑娘與王子婆娑起舞

☐ C、灰姑娘乘坐南瓜車前往皇宮

☐ D、仙女施法力，讓灰姑娘頓時換上漂亮的新衣

A：灰姑娘試穿玻璃鞋，剛好合適

你喜歡和別人溝通和分享，不過有時候可能太過急躁，於是讓別人覺得你有自作多情的傾向，建議你凡事要公平、理智、恰到好處，因為你以為好的，別

人不一定這麼認為，要多站在別人的立場想一想。

B：舞會中灰姑娘與王子婆娑起舞

你很在意自己在別人心中的形象，所以會不知不覺的刻意表現自己，也可以說你是比較愛現、愛出風頭的，別人可能會覺得你的表現欲過強，而不想和你在一起，你應該留意自己的行為舉止和待人方法。

C：灰姑娘乘坐南瓜車前往皇宮

在朋友的眼中，你是一個開朗率直的人，平時也很熱心助人，人緣還不錯。而你的個性弱點是容易生氣和權力慾望，可能動不動就會和別人發生衝突，讓大家對你的好印象毀於一旦，應該多注意。

D：仙女施法力，讓灰姑娘頓時換上漂亮的新衣

你習慣用金錢攻勢，達到自己想要的目的，譬如你總是穿戴高級名牌，吸引大家的注意；你會請朋友到高級餐廳用餐，讓大家喜歡跟在你的身邊。金錢攻勢的效果不錯，但是卻不是長久之計，應多充實自己。

為人處世你該注意什麼

　　為人處世是人生的必修課，尤其年輕人在當今交往頻繁人際關係複雜的社會裡更是如此，也許你自己根本沒有覺察到什麼，而你平時的言行舉止，處事模式早已在朋友那裡打上了深深的烙印，想知道自己究竟在哪些方面讓人嫌，哪些方面必須注意嗎？

　　那就來測試一下吧！為日後的人際交往找個參考。

1、你覺得自己有自戀傾向嗎？

　□A、是的－前進到第2

　□B、不是－前進到第3

2、睡覺前你有吃水果的習慣嗎？

□A、是的－前進到第3

□B、不是－前進到第4

3、你能夠很安靜地獨處嗎？

□A、是的－前進到第4

□B、不是－前進到第5

4、你喜歡周星馳的電影嗎？

□A、是的－前進到第5

□B、不是－前進到第6

5、在朋友們中間你是活躍分子嗎？

□A、是的－前進到第6

□B、不是－前進到第7

6、無論做什麼事情都會制訂計劃嗎？

□A、是的－前進到第8

□B、不是－前進到第9

7、你對自己的長相很滿意嗎？

□A、是的－前進到第9

□B、不是－前進到第10

8、你喜歡手工製作嗎？

□A、是的－前進到第11

□B、不是－前進到第12

9、你會至少一種樂器嗎？

□A、是的－前進到第12

□B、不是－前進到第13

10、經濟上，你經常會捉襟見肘嗎？

□A、是的－前進到第13

□B、不是－前進到第14

11、你喜歡玩暴力的網路遊戲嗎？

□A、是的－前進到第15

□B、不是－前進到第14

12、你覺得自己有堅忍的意志嗎？

☐ A、是的－前進到第16

☐ B、不是－前進到第17

13、你能充分自由地安排自己的業餘時間嗎？

☐ A、是的－前進到第17

☐ B、不是－前進到第14

14、你養過花嗎？

☐ A、是的－前進到第17

☐ B、不是－前進到第18

15、你愛看動畫片嗎？

☐ A、是的－前進到第18

☐ B、不是－前進到第19

16、你平時喜歡自己修理些小玩意嗎？

☐ A、是的－F

☐ B、不是－前進到第18

17、你覺得自己是不是有一副古道熱腸呢？

□A、是的－D

□B、不是－前進到第21

18、你覺得會有很多異性暗戀你嗎？

□A、是的－E

□B、不是－前進到第21

19、你的感情特別脆弱嗎？

□A、是的－C

□B、不是－前進到第20

20、和朋友在一起時，你總是那個提建議的人嗎？

□A、是的－B

□B、不是－C

21、約會時你是否經常遲到？

□A、是的－A

□B、不是－D

選A：

你要注意的是別太隨意，你的個性直爽活潑，很容易因為和對方混熟了之後就變得講話太隨便點了，自以為這樣就是和對方特別親密，稍不留意就把別人的醜事當成樂趣說出來。千萬記住，很多人是不喜歡在眾人面前丟臉的。

選B：

你要注意的是千萬不要臭屁，你比較有領導才能與組織能力，自認為身上充滿了領袖特質，在朋友面前往往一幅盛氣凌人的樣子，指揮別人做這個做那個，特別的臭屁，不要忘了，朋友敬重你但絕不代表著就願意為你做牛做馬，別忘了為人要謙虛一點。

選C：

你要注意的是別太依賴，在朋友中間你的口碑很好，無論誰的建議你都有很高的配合度，這並不是因為別的什麼原因，而是因為你太沒主見，喜歡依賴別人罷了。這樣時間久了朋友們則會因為你的猶豫不決和過度依賴而覺得麻煩，你應該學著做事果斷些。

選D：

你要注意的是別太雞婆了，你在朋友中間顯得格外熱心，也很願意為大家服務，但卻經常太過急躁，往往還沒有搞清楚事情的來龍去脈時就已經投入其中了，結果卻是幫了倒忙，反而給別人製造麻煩，所以千萬別太雞婆了，幫別人之前先思考看看，考慮一下自己的實力。

選E：

你要注意的是別老是裝可愛，你是個特別怕麻煩的人，總是喜歡在朋友面前撒嬌，裝出一幅楚楚可憐的樣子。希望能因此博得別人的同情與呵護，不過你要記住，偶爾為之也無傷大雅，但經常地裝可愛難免會讓人起一身的雞皮疙瘩。

選F：

你要注意的是不要太好強，你為人處世非常地固執，很容易對某件事產生刻板的印象。而且是見了棺材也死不掉淚。依然是我行我素，你這種死不認錯的頑固脾氣常常讓人不知如何才好，這一點在日常交往中你必須注意，為人處世態度要溫和些，多多包容不同的想法才對，這個世上不光只有你一個人是對的。

55.

測試你的人脈如何

你買了一張彩券，兌獎時發現自己中了特獎500萬，你會是什麼反應？

☐ A、大笑大叫

☐ B、情不自禁的跳起來

☐ C、緊緊握住彩券

☐ D、呆在原地

選A：大笑大叫

平時你很少將心情表現在臉上，無論高興或生氣，外在只表現30％，別人很難猜測你的心意。其實你是很壓抑情緒的人，平時看似穩定的你，可能在瞬間爆

發，讓別人有點不知所措。

選B：情不自禁的跳起來

你的悲喜都表現在臉上，是一個無論高興或難過都藏不住的人，一點小事能讓你高興，也能讓你悲傷，但是你恢復得也快。另外，你很不會說謊，你說謊時的臉色一定異於平時，讓對方一眼就看穿。

選C：緊緊握住彩券

你是一個社交型的人物，在團體中，你把彼此的溝通看得很重要，因此你人緣多半不錯。你對金錢看得很重，小心別因為錢傷了朋友和氣。

選D：呆在原地

你是一個情緒化的人，有時顯得活潑好動，有時顯得孤獨。你的情緒也很容易因為別人的讚賞而高興，因為別人的評論而思索，總而言之，你是一個敏感的人。

從手機看人際關係

出門時,你如何攜帶你的手機?

☐ A、隨意丟在皮包裡

☐ B、掛在腰邊

☐ C、當項鏈戴或使用手機背袋

☐ D、隨時拿在手上

☐ E、皮包側袋

測驗結果 TEST

選A:

你對人際關係的態度挺隨緣的,你覺得朋友往來是一種緣分,有緣的時候大家聚在一起,等緣分盡了,就算不聯絡也很正常,人生嘛!不就是這麼回事。

選B：

控制欲比較強，希望在團體中扮演領導者的角色，對於人際關係有個人選擇的標準，希望能建立以自己為中心的整體關係。

選C：

非常重視人際關係，卻又無法輕易地對人打開心扉，朋友滿天下，真正的知己卻沒幾人。

選D：

對於人與人的關係不容易產生信任感，對人的觀察期較長，不過一旦認定之後，就是赴湯蹈火，也在所不惜了。

選E：

個性隨和而且頗有理性，喜歡以圓融的方式與人往來，不太會得罪別人，也不會過度親暱，不喜歡跟人有衝突。

57.
你是團隊中的開心果嗎

化妝是件需要技巧的事情，技巧高超的能把恐龍變美女，那麼你認為哪一部位的妝具有決定性的影響呢？

☐ A、嘴部化妝

☐ B、打全臉粉底

☐ C、眉毛修飾

☐ D、眼部化妝

測驗結果
TEST

選A：

在團體中，這類型的人很愛依靠別人，深信天塌下來有高個的人頂著，大小事都不會主動去做，也容易搞不清狀況，有時天真無知或裝無知太過離譜，也

會被大家當成笑話，不少流傳在外的經典笑話，都是以他們的醜事為腳本，所以這類型的人也是團體中笑料的製造者，不過可不是出於自願的。

選B：

這類型的人不是鎂光燈的焦點，比較擅長去看別人搞笑，發自內心地去為他人鼓掌，很配合的大笑捧場，讓開心果得到回饋，表演得更來勁。一旦輪到他們被推上場，內容則多是走溫馨路線，大夥兒不會笑倒在地上打滾，但是卻有著讓大家笑中帶淚的力量，不時想起來還留有一些感動的餘味。

選C：

這類型的人天生就愛搞笑，是團體裡的開心果，有逗大家笑的樂趣，要是沒人上場逗大伙笑，他們就會開始擠眉弄眼，說笑話講八卦，還搬出說學逗唱的本事，葷素不忌，會使盡渾身解數來逗樂大家，看到大家都笑倒在地上打滾，就是他們的歡喜源頭。

選D：

這類型的人表面冷靜，似乎神聖不可侵犯，所以就更別提搞笑了，這是不可能的。在團體中，連拿他

們來開玩笑，大家都會有所顧忌，不敢在老虎頭上拔毛，免得這類型的人翻臉，壞了大夥兒相聚的興致。不過他們偶爾也會開竅，說個笑話來逗樂，雖然很努力，但是效果不夠好。

58.

從吃菜看你的為人處世

不管是在家裡用餐，還是應邀去參加宴會，餐桌上的禮儀都是我們必須注意的。

如果你看到了一道愛吃的菜，偏偏距離太遠，你會怎麼辦？這裡有四種答案，你會選擇哪一種？

☐ A、自己站起來去夾

☐ B、請對方整盤遞過來，換一下

☐ C、請接近的人幫你舀

☐ D、忍住口腹之慾，不吃了

選A：

你具有進取性，但有時會衝動得過了頭。你絕對不會請別人替你傳情書、替你約人。你若喜歡一個人，會不顧一切地去主動追求，即使對方一開始想拒絕，但在你百折不撓的攻勢下，多半也會軟化，半推半就。但你要注意，不要熱情有餘，謹慎不足，有時候做事還是事先安排一下好。

選B：

你自以為成熟、高超的計謀，有時不一定會成功。在愛情的競爭中，也常弄巧成拙。雖然你行動乾脆利落，凡事有主見，但若遇上死硬脾氣的對象，你就沒辦法了。另外，事事都依賴外援，必定有受騙之時，因為你的大腦在靠別人出主意時會慢慢退化，你的主見在依賴中會逐漸消亡。

選C：

你是個老謀深算、城府頗深的人！不過，你的優點在於凡事小心謹慎，任何事情都在你的預料之中，你的男友或女友無不被你的魅力莫名其妙地征服。不過，物極必反，「機關算盡太聰明，反誤了卿卿性

命」，這也可能是你的結局。

選D：

對你來說，關鍵是缺乏勇氣和行動。想要的不敢拿，喜歡的不敢追求。你雖然經常博得厚道、儒雅的名聲，但失去的也太多了。

你的社交形象怎麼樣

當你發現你的朋友把東西遺忘在你家時，你認為採取以下哪種辦法最合適？

☐ A、立即給朋友送去。

☐ B、透過電話或信函，約他到咖啡館見面，然後把東西交給朋友。

☐ C、托人帶給朋友。

☐ D、暫時放在家裡，以後再考慮如何辦。

選A：

立即給朋友送去。你是一個有大膽與冷靜兩種特性的人，凡事能以整體的利益為重，不會被眼前的小利所誘惑。

選B：

透過電話或信函，約他到咖啡館見面，然後把東西交給朋友。你是一個態度很積極的人、頭腦很靈活，工作能力非常強，只是有一點小小的缺點自信過盛。

選C：

托人帶給朋友。你是一個樂天派的人，喜歡幫助他人，只是一旦他人對你有所求時，即使自己做不到的也難以拒絕。

選D：

暫時放在家裡，以後再考慮如何處理。你是一個小心謹慎型的人，絕對不會魯莽行事，有強烈的責任感，也因為責任感太強而產生了些壓力，請特別注意。

人際關係協調能力測試

　　我們都生活在團體中，而人際交往是與團隊成員公共關係的基礎。想要看看你的人脈關係是否過硬，來測試一下吧！

> 1、如果你是一個大一新生，一次偶然的邂逅，你喜歡上了一個比你大很多的校友前輩，你們交往了很久之後才知道他已經成家了，你會如何處理這段感情呢？
>
> ☐ A、堅持跟你好下去 → 前進到第3
>
> ☐ B、立刻終止這段感情 → 前進到第2

> 2、暑假裡，你抽到一張國外旅遊往返機票，旅行地點是澳大利亞或義大利，你希望去哪個國家呢？
>
> ☐ A、澳大利亞 → 前進到第4
>
> ☐ B、義大利 → 前進到第3

3、如果你是一位新生代作家，一份時尚雜誌請你寫專欄，你會寫哪種類型的文章呢？

☐ A、都市白領的感情生活 → 前進到第4

☐ B、旅行札記 → 前進到第5

4、如果你發現你的好朋友正在策劃如何陷害班長，你會如何做呢？

☐ A、立刻告訴班長 → 前進到第6

☐ B、雖然不贊同這種做法，還是站在好朋友這邊 → 前進到第5

5、假如你撿到一條名貴的小狗，會怎麼辦呢？

☐ A、趕緊帶回家 → 前進到第7

☐ B、在原地等失主 → 前進到第6

6、暑假裡有以下兩份兼職工作正等著你，你會選擇哪一個？

☐ A、幼稚園美術老師 → 前進到第8

☐ B、手機促銷員 → 前進到第7

7、假如你在逛街時偶遇心儀已久的明星，你會怎樣呢？

☐ A、趕緊索要簽名或跟偶像合影留念 → 前進到第8

☐ B、圍上去仔細看看 → 前進到第9

8、如果你是一個剛剛從電影學院畢業的新人，你希望演出的第一個角色是什麼？

☐ A、命運坎坷的角色 → 前進到第10

☐ B、搞笑的角色 → 前進到第9

9、如果有一位相貌英俊的聾啞男子對你表示愛慕之情，你會如何應對呢？

☐ A、對他的好意說謝謝，表示只願與他成為普通朋友 → 前進到第11

☐ B、一口回絕 → 前進到第10

10、外出旅行，你最擔心的是什麼事情呢？

☐ A、吃不到對胃口的東西 → 前進到第11

☐ B、交通是否便利 → 前進到第13

11、好朋友失戀了，你會如何陪她度過這段鬱悶的日子呢？

☐ A、一有機會就開導她鼓勵她 → 前進到第12

☐ B、盡量將就她，陪她哭陪她笑 → B型

12、你無法在預定時間內完成朋友拜託之事，會如何解釋呢？

☐ A、直接說明自己沒有完成事情的原因 → F型

☐ B、說自己得了重感冒，所以才沒時間辦事 → 前進到第13

13、如果你是一家禮品店的店員，這天有一位害羞的男生來買送給女朋友的禮物，你會推薦什麼給他呢？

□A、溫暖的抱抱熊或純銀首飾盒 → C型

□B、搞怪玩具或女巫帽 → 前進到第14

14、假如你在乘車的時候看見一個小偷正在偷老婆婆的錢包，你會怎麼做呢？

□A、立刻大喊「抓小偷」 → A型

□B、狠狠瞪著小偷或暗示老婆婆 → 前進到第15

15、如果你是一位實習護士，你希望照顧哪種病人？

□A、兒童 → E型

□B、老人 → D型

測驗結果
TEST

A型—協調力：★★★★★

　　直爽型的你有話就說，絕對不會半遮半掩，只要你察覺到自己有可能給交往對象造成誤會，一定會極力解釋，哪怕當眾向對方認錯，也不會覺得不好意思，

隨著交往時間的加深，朋友們將越來越信任你，就算偶爾犯點小錯或發發脾氣，大家還是能夠原諒你的。

B型─協調力：★★

害羞的你越急越不知該如何表達自己的意思，你在交際中的協調能力還有很多不足。

因為太愛面子，所以你不願面對棘手的問題，常常選擇逃避現實的做法，結果把人際關係搞得一團糟，唯有放下面子，大膽說出自己的想法，正確面對錯誤，你的人際關係才會更加融洽。

C型─協調力：★★★

你是和平主義者，個性柔弱，缺乏果斷的判斷力，在該表明立場的時候表現得過於含糊，這類型的你協調能力也有一些問題啦！人際交往中的你不妨站在別人的立場上看待事情，不要受困於自己的小觀點和狹隘意識，多跟充滿行動力的人談談，學學人家的交際手段。

D型─協調力：★★★★

你有點含蓄，屬於愛動腦筋但不太喜歡說出自己觀點的人，你在為人處世上的態度並不夠堅持，風吹兩邊倒，表面上跟大家處得都不錯，實際上兩邊的人

都覺得你不是自己人，你的協調能力有些小問題，只要你能直抒己見，相信大家還是肯給你一個澄清事實的機會。

E型—協調力：★★★★★

你有強烈的自我表現欲，喜歡關心比自己更弱小的人，這樣一來，你才覺得自己比較獨立，比較強勢，你有一定的交際手腕，處事圓滑，協調能力也很不錯，你應該注意提升自己的實力，不要滿口大話，人際交往並不只是靠手段，必要的時候也要看看你的真實能力。

F型—協調力：★★★★★

總是笑容滿面的你很會替他人著想，無論朋友遇到什麼困難，都能從你這裡得到或多或少的幫助，大家都對你讚不絕口，你的協調能力是一流的。你為他人分憂難免會給自己帶來一些不便，好在你可以從煩亂中找到平衡點，這也是你廣受眾人好評的重要原因所在。

學會排除人際關係煩惱

一個趣味測試，還能讓你學會如何排除人際交往
的煩惱！

1、公車靠站，車上已經載滿了人，下一班車要15
　　分鐘後才到，你會怎麼辦呢？

□A、不想等下去了，再擠也要上車→前進到第2

□B、人太多了，還是等下一班吧→前進到第4

2、旅行途中的你突然頭很痛，這時正好有熱心人
　　拿藥給你吃，你會如何抉擇呢？

□A、說聲謝謝後馬上吃藥→前進到第6

□B、找理由拒絕對方的藥→前進到第3

3、某部電影很讓你感動，你有何反應呢？

□Ａ、會跟身邊的人講故事情節，推薦給別人 → 前進到第12

□Ｂ、將感動藏在心裡，不需與人分享 → 前進到第7

4、一輛紅色的廂型車開到湖邊，你認為裡面坐的是什麼人？

□Ａ、一對情侶或一家人 → 回到第3

□Ｂ、歹徒 → 前進到第5

5、畫面上有一顆桃心，你會聯想到什麼呢？

□Ａ、愛情 → 前進到第12

□Ｂ、撲克牌 → 前進到第8

6、朋友說他要去參加一個聚會，你會怎樣呢？

□Ａ、要求帶你一起參加 → 前進到第9

□Ｂ、除非他主動說要帶你去，不然的話只有保持沉默 → 前進到第10

7、和男孩子一起用餐，餐費是他主動付的，好像花了不少錢，你有什麼感覺呢？

☐ A、覺得過意不去，之後會跟他平攤費用 → 前進到第10

☐ B、男生買單天經地義，會道謝但不出錢 → 前進到第12分

8、參加同學會的時候發現你最要好的朋友卻沒來，你會怎麼辦呢？

☐ A、覺得很無趣，早早回家吧 → 前進到第13

☐ B、硬著頭皮敷衍到底 → 前進到第12

9、你希望幾歲的時候步入結婚禮堂？

☐ A、21～25歲 → 前進到第11

☐ B、26～30歲 → 前進到第10

10、星期天在家，手機和家裡電話同時響起，你會怎麼辦呢？

☐ A、先接其中的一個 → 前進到第15

☐ B、兩個一起接 → 前進到第16

11、如果你抽獎中了一棟別墅，你希望它位於何處？

☐ A、海邊或湖畔 → 前進到第14

☐ B、小島上 → 前進到第15

12、擁擠的車廂裡一位漂亮的女孩子被人踩到腳了，你認為她的表情應該是怎樣的呢？

☐ A、疼得叫起來 → 前進到第16

☐ B、非常生氣，責怪對方 → 前進到第17

13、一位跟你不是很要好的朋友請你吃飯，你會有什麼感覺呢？

☐ A、對方發財了 → 前進到第21

☐ B、必然有事相求 → 前進到第17

14、朋友送了一份你不是很喜歡的禮物給你，你會怎麼做呢？

☐ A、平靜地說謝謝 → 前進到第18

☐ B、假裝很開心的樣子 → 前進到第19

15、大賣場四折大清倉，你會怎麼做呢？

☐ A、瘋狂大採購 → 前進到第18

☐ B、不一定要買什麼 → 前進到第19

16、你是否將人家送給你的東西轉送給他人？

☐ A、有過 → 前進到第19

☐ B、從來沒有 → 前進到第20

17、一位妖艷女子在等計程車，憑直覺你認為她
要去做什麼呢？

☐ A、去跟男朋友約會 → 前進到第16

☐ B、去夜總會上班 → 前進到第21

18、突然有人從背後重重地拍了一下你的肩膀，
你猜這個拍你的人是男生還是女生呢？

☐ A、男生 → 前進到第22

☐ B、女生 → 前進到第23

19、你比較喜歡喝冰紅茶還是珍珠奶茶呢？

☐ A、珍珠奶茶 → 前進到第18

☐ B、冰紅茶 → 前進到第20

20、和好朋友一起乘車，會主動幫對方買票嗎？

□A、會 → 前進到第24

□B、不會 → 前進到第21

21、對於酷酷的異性，你有接近他的想法嗎？

□A、有 → 前進到第25

□B、沒有 → 前進到第23

22、一男一女在街上勾肩搭背，你認為他們是什麼關係呢？

□A、戀愛關係 → 答案A

□B、純友誼關係 → 答案B

23、每個女孩子都有玩家家酒的經歷，回想一下，孩童時代的你比較喜歡扮演媽媽還是小孩呢？

□A、喜歡扮媽媽 → 答案E

□B、喜歡扮小孩 → 答案C

24、在遊樂場玩耍,你比較喜歡玩以下哪一個遊樂項目呢?

☐ A、摩天輪 → 答案F

☐ B、鞦韆 → 答案D

25、跟朋友在一起好像總有說不完的話題似的?

☐ A、是的 → 答案G

☐ B、不一定 → 回到第24

A:梅花鹿─謹慎小心,待人和藹可親

外冷內熱的梅花鹿做事謹慎小心,很少魯莽行事,這類型的人有完美主義傾向,自尊心又強,最瞧不起懦弱的表現,更不喜歡讓別人看到自己的缺點,有時外表看似冷漠,其實卻有顆溫柔坦誠的心,是慢熱型的人,偶爾也會被週遭的人或事感動得落淚,也不排除歇斯底里發洩情緒的時刻。

建議:過於追求完美的你無形中與人有隔閡,你

應該主動敞開心扉，表現出最真的你，將深藏的熱情與坦率展現出來，大家才會對你刮目相看，不妨將你的心事與身邊的朋友分享，他們會理解你的。

B：海龜—協調性強，對人溫柔體貼

海龜派的協調性比較強，做事腳踏實地，內心溫柔細膩且易碎，所以經常會要承受過大的壓力又不大願意將煩惱說出來，這類型的人個性內向害羞，一般來說，很少與人發生爭執，更不喜歡在眾人面前出風頭，舉手投足間充滿溫柔恬靜的味道，感性的你很容易為別人流淚，也很為他人著想。

建議：厭惡階級鬥爭的你為了保持一團和氣，有可能說些善意的謊言，你從不敢抗拒長輩的要求，也不好意思拒絕別人的請求，所以許多工作都落到了你頭上，不用過於在意別人的想法，你應該更重視自己的感受。

C：摺耳貓—注重外表的時髦派

愛出風頭的摺耳貓，有著異常可愛的外表，不論走到何處永遠都是眾人的焦點，這類型的人感知流行時尚的能力超好，懂得如何打扮自己，展現自己的優

點，雖然有點臭美，但絕不會盲從，因為天生的好品味，所以你很擅長打造屬於自己的風格，言行舉止略顯誇張的你也是社交高手。

建議：好惡分明的你，只要是自己不願意做的事就會明明白白的拒絕，你絕對不會勉強自己去配合別人的步調，與志同道合的人交往或共事，能給你帶來快樂，你也會在他們的幫助下不斷成長。

D：牧羊犬─忠心，目的性比較強

牧羊犬對主人百分百忠心，為了完成工作不惜付出一切，這類型的人非常遵守規章制度，對於朋友拜託的事都會如期完成，人緣很不錯，有教養又懂禮貌的你不喜歡出風頭，只要做好職責範圍之內的事就盡情沉醉在自我的興趣中了，閒暇時候的你那副悠然自得的模樣，很是令人羨慕。

建議：因為個性隨和的緣故，所以你跟任何人都能和平相處，對人缺乏防備可以說是你的最大缺點，也是你煩惱的根源，心太誠太善的話，很容易被人利用，你必須提高警覺，才不至於讓自己吃虧上當。

E：金絲猴—知性外表下有顆堅強的心

金絲猴具有大智慧，非常聰明，所以這類型的人大多理性又有才華，自信的你就算有再大的成就也不會驕傲，雖然從內心來說，也很希望得到他人的讚賞，但卻表現得很沉穩，一副寵辱不驚的樣子，你一旦遇到自己喜歡的事就會大把大把投入時間和精力，甚至有可能到廢寢忘食的地步呢！

建議：你雖然不會主動攻擊別人，但卻蠻喜歡和別人抬槓！當你與人爭論時，總是一副理直氣壯的樣子，讓對手無法招架，對人際關係也有一定的影響，注意一下你的語調，口氣不要太嚴厲了。

F：長頸鹿—知性優雅，默默等待愛情

長頸鹿是位冷靜的思考者，這類型的人知性而優雅，喜歡研究問題，為人成熟穩重，進退自如，絕不會做出令人跌破眼鏡的事情來，人緣不錯，大家都很喜歡你，不管遇到什麼狀況，你都能冷靜處理，但也因為在一些小地方上過於保守，可能會白白錯失不少機會，當機會降臨時可要抓牢的！

建議：你從不會拒絕別人的請求，不管身邊的朋

友拜託你做什麼，你都欣然接受，這樣一來，很容易把自己累壞的！別人喜歡依賴你，而你卻找不到可以依賴的人，你必須向別人請求支援才能為自己減壓。

G：野象—自由奔放的霸道主義者

野象從小就生長在叢林裡，非常熱愛自由，高大醒目的外表很是搶眼，這類型的人開朗樂觀，自由奔放，頗得眾人的喜愛，豪放起來有點不拘小節，不瞭解你的人可能會被嚇一跳！你具有積極進取的精神，為人坦率直接，行事果決，不管遇到大事還是小事，都不會猶豫。

建議：你有點小小的霸道，有時候讓人很反感，建議你最好控制一下自己的壞脾氣，多為別人著想，人際關係才會更加順利，此外，開玩笑要拿捏好分寸，少跟小心眼的人混在一起，即可避免不必要的麻煩。

62.
與人交往時你是哪類人

請對下列問題作出「是」或「否」的選擇：

1、碰到熟人時我會主動打招呼。

2、我常主動寫信給友人表達思念。

3、旅行時我常與不相識的人閒談。

4、有朋友來訪我從內心裡感到高興。

5、沒有別人引見時我很少主動與陌生人談話。

6、我喜歡在群體中發表自己的見解。

7、我同情弱者。

8、我喜歡給別人出主意。

9、我做事總喜歡有人陪。

10、我很容易被朋友說服。

11、我總是很注意自己的外表。

12、如果約會遲到我會長時間感到不安。

13、我很少與異性交往。

14、我到朋友家做客從不感到不自在。

15、與朋友一起搭乘公共汽車時我不在乎誰買票。

16、我給朋友寫信時常訴說自己最近的煩惱。

17、我常能交上新的知心朋友。

18、我喜歡與有獨特之處的人交往。

19、我覺得隨便暴露自己內心世界是很危險的事。

20、我對發表意見很慎重。

測驗結果 TEST

第1、2、3、4、6、7、8、9、10、11、12、13、

16、17、18題答「是」記1分，答「否」不記分，第5、14、15、19、20題答「否」記1分，答「是」不記分。

1～5題分數說明交往的主動性水平，得分高說明交往偏於主動型，得分低則偏於被動型。

6～10題得分表示交往的支配性水平，得分高表明交往偏向於領袖型，得分低則偏於依從型。

11～15題得分表示交往的規範性程度，高分意味著交往講究嚴謹，得分低則交往較為隨便。

16～20題得分高表示交往的開放性偏於開放型，得分低則意味著傾向於閉鎖型，如果得分處於中等水平，則表示交往傾向不明顯，屬於中間綜合型的交往者。

由於人的氣質、個性等特點不同，表現在人際關係中也有不同類型。正如不同氣質類型的人適合做不同工作一樣，不同人際關係類型的人所適合的工作也不同。

　　主動型的人：在人際交往中總是採取積極主動的方式，適合於需要順利處理人與人之間複雜關係的職業，如教師、推銷員等。

　　被動型的人：在社交中則總採取消極、被動的退縮方式，適合不太需要與人打交道的職業，如機械師、電工等。

　　領袖型的人：有強烈的支配和命令別人的慾望，在職業上傾向於管理人員、工程師、作家等。依從型的人則比較謙卑、溫順，慣於服從，不喜歡支配和控制別人，他們意願從事那些需要按照既定要求工作的、較簡單而又比較刻板的職業，如辦公室的行政人員等。

　　嚴謹型的人：有很強的責任心，做事細心周到，適合的職業有警察、業務主管、社團領袖等，而隨便的人則適合藝術家、社會工作者、社會科學家、作家、記者等職業。

　　開放型的人：易於與他人相處，容易適應環境，適合會計、機械師、空中小姐、服務員等職業，閉鎖型的人適合的職業有編輯、藝術家、科學研究工作等。

63.

如何發掘契合的朋友

　　相信做完這個測試，也就可以幫助你選擇朋友了。其實我們在擇友方面也不要太挑剔，可以試著結交各種類型的朋友，這樣對自己也是一個很好的鍛煉和提升，不要局限在自己認為很幸福的小圈子裡面。俗話說，多個朋友多條路，不要吝嗇你的感情，好好編織你的人脈，相信對你的發展一定會有所幫助。

> 1、在沒有任何熟人的新班級或新環境時：
> ☐ A、仍然充滿活力 → 前進到第2
> ☐ B、覺得有點可怕 → 前進到第3

> 2、現在的成績還過得去，但小學時的成績很好。
> ☐ A、是 → 前進到第4
> ☐ B、否 → 前進到第5

3、每次在外面吃飯時，點菜的速度都很慢。

　□A、是 → 前進到第7

　□B、否 → 前進到第6

4、看電視時經常會覺得「這個人好笨，如果是我的話就會這麼做」。

　□A、是 → 前進到第8

　□B、否 → 前進到第9

5、在家閒來無事的時候你會：

　□A、看雜誌或書 → 前進到第9

　□B、看電視 → 前進到第10

6、行動電話、無線電話、對講機等通訊器材，你通常會帶哪一種？

　□A、行動電話 → 前進到第8

　□B、無線電話 → 前進到第9

　□C、對講機 → 前進到第10

　□D、什麼都不帶 → 前進到第11

7、這兩年內，沒有擔任過班長、組長等「長」字輩的幹部：

☐ A、是 → 前進到第11

☐ B、否 → 前進到第10

8、看到別人的事，經常會覺得對方沒有抓住要領。

☐ A、是 → 前進到第12

☐ B、否 → 前進到第13

9、如果下輩子可以選擇的話，你想成為：

☐ A、男生 → 前進到第13

☐ B、女生 → 前進到第15

10、貓跟狗，你喜歡哪一種？

☐ A、狗 → 前進到第14

☐ B、貓 → 前進到第13

11、如果計程車跟地鐵車資相同，你會搭哪一種？

☐ A、計程車 → 前進到第14

☐ B、地鐵 → 前進到第15

12、將來的夢想是：

☐ A、有固定職業，努力地工作 → 前進到第16

☐ B、24歲後成為專職家庭主婦 → 前進到第18

☐ C、沒有特別的想法 → 前進到第17

13、非常注重流行資訊，隨時確認自已的裝扮。

☐ A、是 → 前進到第18

☐ B、否 → 前進到第17

14、想要一個人去旅行。

☐ A、是 → 前進到第17

☐ B、否 → 前進到第18

15、不擅長在很多人面前說話。

☐ A、是 → 前進到第19

☐ B、否 → 前進到第18

16、覺得自己常常是朋友模仿的對象。

☐ A、是 → A

☐ B、否 → B

17、認為歌手應該「以課業為重，即使暫時淡出
演藝圈也無所謂」。

☐ A、是 → B

☐ B、否 → C

18、就算參加升旗時突然頭暈，也不會告訴旁人。

☐ A、是 → D

☐ B、否 → C

19、不管是功課方面或玩樂方面，遇到不懂的事
情時，不太敢向其他人請教。

☐ A、是 → C

☐ B、否 → B

A型：

　　輕鬆自在地生活，經常被人依賴，跟喜歡撒嬌的人較合得來。你希望自己成為團體當中的領導者，討厭被朋友差遣，不過你又非常害怕獨處，不喜歡落單，能夠跟這樣的你相處甚歡的，是喜歡撒嬌、凡事優柔寡斷的女孩。如果她無法自己下決定，必然會向你求助，請你幫忙，聽到她對你說：「還好有你在！」你的心情就會十分高興，這樣的朋友總是能夠讓你獲得心靈上的滿足。

B型：

　　不希望彼此干涉，個性豪爽，跟保持個人主義的人較合得來。你不喜歡跟朋友在一起，有強烈的個人主義，這不是討厭朋友，只是不喜歡總是和大家粘在一起而已。能跟你合得來的，是像你一樣重視私人空間，保持個人主義的女孩，只在想見面的時候見面，不干涉彼此的生活。在周圍人的眼裡，會懷疑你們的感情一定不好。別在意周圍人眼光，做你自己就可以了。

C型：

喜歡跟幾個好朋友膩在一起，跟擁有同樣興趣的人較合得來。「所謂好朋友就要一直在一起」，你會跟朋友一起談論同一部電視劇或流行的話題。這樣的你最適合跟擁有同樣興趣、喜歡膩在一起的女孩當朋友，如果對方跟自己用同一個牌子的用品，話題就會源源不斷，也就會加深你們之間的感情。你很擅長處理事情，即使兩人整天膩在一起也不會發生衝突。

D型：

希望和領導型人物在一起，跟踏實、開朗、活潑的人較合得來。個性優柔寡斷、膽小的你，在團體中很不顯眼，由於你的個性較被動，如果別人沒約，你會一整天關在家，而其實內心卻很想出去。做事果斷的領導型大姐最適合你，她可以幫你判斷無法決定的事，並為你打理一切，對方會在這一過程中獲得滿足感，而你也會覺得十分快樂，這樣的速配組合會讓你們的友情更加堅定。

64.

在朋友中親和力有多高

如果你是一種動物，你是哪種？

1、頑皮的小貓

2、忠於主人的小狗

3、漂亮的花蝴蝶

4、溫順的小綿羊

5、聰明伶俐的小松鼠

6、膽小害羞的小白兔

1：選「頑皮的小貓」

親和力：80%

活潑開朗的你整天無憂無慮，跟誰都像好哥們一樣，不管是同性還是異性朋友都喜歡與你相處。不過有時太過無厘頭可能會把人家搞得哭笑不得。

2：選「忠於主人的小狗」

親和力：90%

很懂得交際，給人的親切感頗強，有時愛把心裡的祕密藏起來，不讓朋友察覺，如果你能更多與朋友們分享心事，可以讓自己活得更放鬆一些。

3：選「漂亮的花蝴蝶」

親和力：50%

你常給人一種高傲的感覺，難以讓人產生親切感，即使對很熟的朋友，也始終有一份防備，唯有與週遭的人打成一片，才能打破冷酷的印象。

4：選「溫順的小綿羊」

親和力：70%

做事細心，有點小小的保守，在某些事情上放不開，雖然給人一定的親切感，但也有懦弱的成分在裡面，太為人家著想，往往把自己搞得很累。

5：選「聰明伶俐的小松鼠」

親和力：60%

為人處世處處顯示出精明能幹的特質，你的人緣並不壞，但卻比較缺乏親和力，可能是因為太聰明的女孩子比較容易招同性朋友妒忌的緣故吧！

6：選「膽小害羞的小白兔」

親和力：85%

你對人超體貼，關注細節問題，很能顧及對方的感受，就算委屈自己多一點，也要成全朋友，但有時過於膽小怕事委曲求全反而容易造成內傷。

測驗你是否是一個合群的人

在充滿藝術氣息的秋天，如果你和你的朋友第一次去參觀美術館，進門後有左中右3個方向，你會從哪裡開始參觀呢？

☐ A、進門後向右參觀。

☐ B、進門後直行。

☐ C、進門後向左參觀。

測驗結果
TEST

選A：

這是最常見的類型，你不想引人注目，但能在被劃定的範圍內自得其樂。你能妥善處理個人的不平與不滿。不違反大眾認可的意見，能自然地融入其中。總之，你容易採取不求有功，但求無過的消極態度，要注意調整你的態度。

選B：

從正中央開始參觀的人，往往是能夠直截了當表達自己慾望的人。不過，你的行事似乎缺乏計劃性，往往抱著走一步算一步的信條，對事情的過程並不在乎，總之，你是個樂天知命者，對細枝末節毫不留意，總是少一根筋。

選C：

你是極不合群的那種人，說好聽點是「有個性」，但實際上並不盡然。你充滿反情緒，但正因為如此，你與人交往時比常人更為敏感，有時往往是懦弱的。概括地說，你的本質是討厭與他人為伍，不喜歡跟別人在一起，但是，你仍成不了能夠開闢自己新天地的人。

66.

你的性格在人際關係中的作用

別人不小心得罪或誤會了你,你會!

- A、很快忘得一乾二淨
- B、當場跟他翻臉,從此記得這不共戴天之仇
- C、銘記在心,找機會報仇
- D、對此人有戒心,跟他保持距離

選A：

　　你的忘性應該很強。事實上，你的忘性起了一種防衛作用，把不愉快的事壓到潛意識中，把它忘掉，不再因此而苦惱。很有可能，下次同一個人再得罪你，你還是會覺得這個人只是心情不好，不會和他翻臉。為什麼？因為，你可能記得被得罪的事件，但被得罪時不愉快的情緒，早已忘得一乾二淨，所以，你很少會再翻舊帳生氣。這實在是你在人際關係上的一大優點。不過，如果是你的敵人故意要害你，你最好銘記在心，否則就很危險了。

選B：

　　你不分青紅皂白，就跟對方翻臉，肯定是你不想要這個朋友了。像你這種敵對意識高漲、心胸狹窄的人，是最容易得罪人的。因為在你的心中已經準備好隨時要和別人對抗，所以一旦碰到類似的事件，你就會緊張地發動攻勢，先下手為強，要壓在對方頭上。你的這種反應，不僅為你帶來許多敵人，也給你帶來

了更多的不安。你越是防備，得罪的人也就越多。

選C：

你有自卑的缺憾，一旦有人不尊重你或不小心得罪你，你就會銘記在心，因為這種對別人來說可能是微不足道的小事，對你來講卻是天大的事。一般情況下，你認為每個人都應該很尊重你，而你也應該不會有被傷害的機會。但是，事與願違，你總是會被別人誤解或傷害，你的心底就會因這種期待受到破壞而懷有挫折感，這種挫折感常會卡在心中，如果不報仇、不發洩出來，就會悶出病來。所以，你的這種性格會導致你的人際關係日趨惡化，所以還是放開心胸吧！

選D：

雖然你不是很會記仇，也不是一天到晚想著這件事的人，但是你的潛意識曾經受過傷害，為了保護自己，在下次見到對方時，你就會主動地保持著戒備的狀態，避免再有第二次的傷害。由此可知，你是屬於自我防衛性強的人，也有點神經質，處處提防人。雖然，你這樣保護自己，是不過分的，不過，大多數的人可能會感覺到你的不信任，這也會影響到你的人際關係。

辦公室裡的你最易得罪誰

一起來看看辦公室裡你最容易得罪誰？

1、同事這陣子總是一來上班就打開Line狂敲，你
覺得他是在做什麼？

☐ A、他一定是在和誰談戀愛。 →前進到第2

☐ B、他多半是用Line在做私事。 →前進到第3

2、老闆帶你進入到長方形辦公區，讓你選個位置
坐下，你會選哪個位置？

☐ A、靠近老闆辦公室的，他一出來，阻擋他視
線的一定是我。 →前進到第4

☐ B、離老闆辦公室最遠的，他出來時旋轉360
度，用眼角餘光都很難掃瞄到我。 →前進
到第5

3、開會時，老闆表揚一個專案裡的想法不錯，那
是你的創意，你好得意，想讓老闆知道，會怎
樣做？

□ A、不管主管的臉色，直接說這個想法是你提的。 →前進到第6

□ B、看看主管臉色，再根據情況表達你的想法。 →前進到第4

4、遇到一個性別和那個帥哥或者萬人迷主管不同的同事，在他(她)的辦公室裡滯留30分鐘以上，你會遐想些什麼？

□ A、曖昧哦，曖昧哦。 →前進到第5

□ B、呵呵，又在商量什麼詭計了吧！ →前進到第8

5、一進辦公室你就突然聞到一股與眾不同的香水味，你會怎樣表達自己的感受？

□ A、誰又在發情啦？好香！ →前進到第7

□ B、什麼都不說，先用鼻子嗅出香源。 →前進到第8

6、同事探聽你的薪資報酬，你會怎樣搪塞這問題？

□ A、公司不是規定個人薪資保密嗎？ →前進到第7

□ B、唉，和你差不多吧！ →前進到第9

7、公司總有一些有「特殊背景」但又有點傻傻的人表現出很了不起的樣子，這時，你的反應是？

□ A、你做你的，我做我的。 →前進到第9

□ B、拽什麼拽啊，一點真本事也沒有。 →前進
到第10

8、你對公司裡做清潔的阿姨總是很有禮貌嗎？

□ A、一般吧，她和我有什麼關係呢？ → A型

□ B、越是阿姨越要對人家禮貌才是。 →前進到
第9

9、有同事忘記關電腦，正好你加班，你會「順
便」看看同事的電腦裡的文件嗎？

□ A、可能會。 → B型

□ B、不會。 →前進到第10

10、一個女同事悄悄告訴你，老闆曾試圖騷擾她，
你的感受是？會有這樣的事？

□ A、自作多情吧！ → C型

□ B、天啊，明天一定要讓全公司的人都知道！
→ D型

測驗結果 TEST

A型：

　　你在辦公室裡最容易得罪的人是那些職位比你低
的同事，你很難有雅興和這些人平起平坐、同朋友共

歡樂之類，由於骨子裡比較冷感和敬業，造成你就是「勢利眼」的尷尬局面。

B型：

你在辦公室裡過於灑脫，雖然不真正關注男女私情，卻總喜歡把話題朝這方面靠，或者試圖在辦公室男女關係的話題中尋找一點小樂趣，最容易得罪那些和主管有曖昧關係或者同事之間有不願意為人所知的隱私的人。

C型：

你最容易得罪的人就是那種沒有職位，卻是「資深」或者「前輩」的人，言談舉止中，不會因為人家做這行久，就給人家一點有誠意的尊重，即使對前輩有禮貌的時候，也顯得有點敷衍。

D型：

你最容易得罪的人是你的直接主管，不是因為你驕傲，而是因為身上有一種不把主管當主管的病毒，因此主管用你的時候會用得最狠，但論功行賞的時候，功勞肯定不會給你的。

68.

不宜交往的異性類型

你一定會遇到不少優秀的異性,但哪些是你不宜交往的異性類型?想知道答案就馬上做以下的測試題吧!

你終於在國外念完書學成歸國,父親龐大的事業正等著你來接管,而你自有一套想法,與父親的幾次詳談之後,你最後的決定是什麼?

☐ A、先從公司的基層員工做起
☐ B、先從公司的中階幹部做起
☐ C、先從父親的特別助理做起
☐ D、先到其他公司磨煉一陣子再回自己的公司

測驗結果
TEST

選A:先從公司的基層員工做起

只會跟你說些花言巧語、空泛美夢的異性,是最

不適合你的人。你的耳根子軟，再加上偶爾會犯搞不清楚狀況的問題，因此最好遠離騙子型的人物，不要被耍了團團轉之後，才發現自己人財兩失。

選B：先從公司的中階幹部做起

無論做人或做事，你都有一套自己的準則，而且你也相當重視別人對自己的評價，你會把情人與自己視為一體，榮辱與共、休戚相關，因此若是遇上一個懶散安逸、不負責任的人，一定是痛苦得不得了。

選C：先從父親的特別助理做起

不管你的外在表現是謙和有禮還是急躁不安，其實你的脾氣都並不是太好，容易因衝動而誤事，如果又讓你碰到一個火爆情人，那可真是火上加油、一發不可收拾，演出全武行的機率實在太高了。

選D：先到其他公司磨煉一陣子再回自己的公司

每天只會談工作、談理想抱負、談未來計劃，卻連一條熱門新聞都說不出來、對生活資訊完全狀況外的人，一定會讓你覺得精神崩潰，因為你喜歡有創意、有新鮮感的生活，拒絕過乏善可陳的日子。

畫太陽測試社交潛能

現在,給你準備一張紙、一支筆,你會怎麼畫你心中的太陽?

☐ A、在紙上的東方

☐ B、先畫一座山,把太陽畫在山巒中

☐ C、日正當中

☐ D、把太陽畫在紙上的西方

選A:

你有強烈的企圖心,真叫人抵擋不住你的威力。對於未來,你懷抱著樂觀的態度,是奮勇向前、不顧一切往前衝的先鋒人才,但請你不要忘記睜開你的大眼看清前方的障礙,別一股勁的埋頭猛衝。其實你的

決斷力與行動力是同行之中的佼佼者，只不過有時行事太衝動而欠熟慮，凡事三思而後行，才不會有太多的後悔！

選B：

當你在畫這幅畫時，心中想的景像是旭日東昇，還是日落西山？其實會為太陽再畫一座山的人，通常個性較溫和且缺乏安全感，但因為個性善良，常能得到他人幫助。換言之，你身邊常常有貴人出現喔！

選C：

你是不是很自傲呢？對於社交關係，你好像不太及格，對嗎？這都是由於你對事情的是非有獨特的見解及敏銳的判斷，從不委屈自己做你認為不合理的事，因此常給人不通情理的感覺。雖然世上像你這樣擁有一身傲骨的人已瀕臨絕種，但還是要勸勸你，偶爾也同流合污一下子未嘗不可！

選D：

你是一個最佳的輔佐人才，有穩紮穩打的基礎，是踏實的實力派。雖然你缺乏主導性的性格，然而你總能觀察入微、善解他人心意。由於你的細心體貼，常贏得別人對你的信任，而且不論你遇到什麼挫折，總能愈挫愈勇，努力克服，是現實世界中的東方不敗！

70.

狐群狗黨還是患難之交

有一天，你臨時缺錢，向朋友借錢，你的朋友的反應是：

☐ A、馬上翻皮包，東找西找，有多少就借你多少

☐ B、雙手交叉胸前，問你要借多少

☐ C、想了一下，手摸著鼻子或遮著嘴巴，說他也沒帶錢

☐ D、雙手叉在背後，慢條斯理地問你要多少

測驗結果 TEST

選A：

這種朋友對你來講，可以說是個難得的患難之交。他的熱心助人是沒話講，不過似乎也太衝動了些，或

許他是信得過你，或許他是本性如此，像他這樣熱心有餘，細心不足的人，是很容易被人騙的。所以，奉勸你，如果你有這種朋友，跟他借錢之後，千萬不要賴帳，因為這種敦厚老實的好人不多了，而且一旦他對你的信用失去信心，以後你再也別想找他借錢。相反的，如果你能誠心對待這種人，以後不管你要借多少次，借多少錢，他都會借給你的。

選B：

你在借錢時，最好能察言觀色一番，像這種朋友雖然嘴巴問你要借多少錢，但是心底有一百個不願意。為什麼？因為他的雙手會不自覺地交叉胸前，這個動作其實是潛意識中的意思，主要是暗示著你最好不要借。或許他是有錢，可是又不好意思不借你，但是要借你他心底又很不放心，於是就會有這種小動作出現。如果你看到這樣的肢體語言，最好找別人借，不然就是多說幾句好話，或者是多給對方一些好處，或許成功的機會比較大。

選C：

這種朋友不交也罷，因為他的動作很明顯地表示他是根本就不想借你錢，而且跟你說沒錢，還是看你

的面子，不要給你太難堪，否則就直接跟你講：就算把錢丟在水溝裡，也不會借給你！由他的動作中，你可以很清楚的看出來，他在講話的時候，總是會很巧妙地摸摸鼻子，或是假裝嘴邊很癢，要去抓一抓，不然就是很明顯的遮著嘴巴說話。這些都是人在說謊的時候會有的下意識動作，只是他自己沒發覺罷了。如果你看到對方有這樣的舉動，你就趁早打消念頭吧！

選D：

在講話時會把雙手藏在背後的人，很明顯的是不肯對你坦誠相見的意思。而且他說話時還慢條斯理的，更說明了他是個很聰明又心機很重的人。這種人最大的特色就是他從不說不經過大腦的話，說白一點就是從他嘴巴說出的話，都是經過大腦分析過的話。他之所以會把雙手藏在背後，就是怕他的手會不聽使喚的露出潛意識的訊息。而當他問你要借多少時，就表示了他仔細評估之後，認為你還有放款效益，至少不會對他造成損失，所以會借給你，但你先不要高興得太早，他通常都會有一些條件的。因為，天下沒有白吃的午餐。

在背後捅你一刀的會是誰

請你想著朋友而答以下問題：

1、會跟他／她介紹彼此的男友／女友
☐ A、是 → 前進到第2
☐ B、否 → 前進到第3

2、說出「去你家玩」的時候，他／她會有幾秒鐘的
　　猶豫
☐ A、是 → 前進到第4
☐ B、否 → 前進到第6

3、他／她經常會「現在我才能告訴你」的說出自
　　己驚人的過去
☐ A、是 → 前進到第5
☐ B、否 → 前進到第6

4、他/她不會突然毫無理由的不高興

☐ A、是 → 前進到第7
☐ B、否 → 前進到第8

5、經常聽到他/她把買回來的東西拿去退回

☐ A、是 → 前進到第13
☐ B、否 → 前進到第10

6、他/她有過明顯模仿你買東西的行為出現

☐ A、是 → 前進到第10
☐ B、否 → 前進到第8

7、他/她是個守時的人

☐ A、是 → 前進到第9
☐ B、否 → 前進到第8

8、有時對於你無心詢問的問題，他/她會答覆得
　異常詳細

☐ A、是 → 前進到第11
☐ B、否 → 前進到第9

9、在電話裡留言給他/她一定會回

☐ A、是 → 前進到第12
☐ B、否 → 前進到第16

10、令人意外的，他／她非常容易受到驚嚇
☐ A、是 →前進到第11
☐ B、否 →前進到第14

11、他／她的整理能力如何
☐ A、還好 →前進到第16
☐ B、不是很好就是很差 →前進到第15

12、當你抱怨時，他／她一定會給你具體的建議
☐ A、是 →前進到第20
☐ B、否 →前進到第16

13、你覺得他／她是一個對什麼事都很認真的人
☐ A、是 →前進到第14
☐ B、否 →前進到第10

14、他／她是臉上笑，卻不發出笑聲的類型
☐ A、是 →前進到第15
☐ B、否 →前進到第18

15、他／她在開始學習沒多久之後，一定會心生
　　厭倦而另尋新花樣
☐ A、是 →前進到第17
☐ B、否 →前進到第19

16、你覺得他／她是一個不會做出讓人疑惑行為
　　的慎重派

☐ A、是 → 前進到第20

☐ B、否 → 前進到第19

17、他／她曾經說出過你的祕密

☐ A、是 → A

☐ B、否 → B

18、在有求於你的時候會做出天真無邪狀

☐ A、是 → 前進到第17

☐ B、否 → 前進到第15

19、他／她不擅長討論類似未來或是人生這一類
　　嚴肅的話題

☐ A、是 → B

☐ B、否 → C

20、明明身體不好還嘴硬說沒事的典型

☐ A、是 → C

☐ B、否─D

A型：

老實說這人的信用度實在太低，要小心他很有可能會背叛你！請千萬注意，他或許就是那種為了明哲保身或自身利益，而可以輕易背叛你的典型。

B型：

有點危險，他是那種只會做表面功夫的最佳典型。他似乎不太傾向與你有進一步的認識比如說你當他是朋友而把自己的祕密告訴他，或許他在表面上會陪你一起煩惱，但是心裡卻想著「與我何干」。

C型：

他是相當能信賴的朋友，但不輕易讓人看到軟弱的一面。他在你有煩惱或是有問題無法解決時，一定會在你的身邊陪你一起苦惱。

D型：

他是非常值得信賴的朋友，放心地把煩惱向他傾訴吧！他是那種在你煩惱的時候會認真幫你解決問題的好朋友。

72.

該如何才能結識更多異性

如果你快要結婚了，你打算於婚宴上穿什麼顏色的服裝呢？

- ☐ A、紅色
- ☐ B、綠色
- ☐ C、藍色
- ☐ D、黃色
- ☐ E、紫色

測驗結果
TEST

A：紅色—全靠朋友

你認識異性的途徑大多是靠朋友。由於你性格內向，又不太懂與人相處之道，令你錯失不少結識異性的機會，幸好你身邊有一大群同性好友，你可以透過

他們而認識到不少條件好的對象，提議你閒時不妨主動多跟他們出去玩，將有助提升你的異性緣。

B：綠色—網路情緣

好靜的你，與其要你出去認識新朋友，倒寧願留在家上網，又或與網友聊天。平日你已經缺少社交活動，而且以同性朋友佔多數，接觸異性的機會近乎零，所以那些網路交友區、聊天室就成為你認識異性的最佳途徑。不過網路世界的人和事，是真是假都沒有人知道，謹記要帶眼識人！

C：藍色—桃花處處

天生你就是個樂天派，無論男女老少都非常喜歡親近你。日常生活中即使你沒有故意去認識別人，人家也會自動來認識你，絕對不愁沒有人！這全歸功於你的開朗個性，以及那張永遠帶著微笑的臉，讓別人有如沐春風之感，不知不覺間已經迷死不少異性了。

D：黃色—進修識人

為人上進好學的你，閒暇時喜歡參加不同的才藝班或進修課程來為自己增值，雖然你是專心一致想好好學習，但誰叫你天生甚有異性緣，很多同學都會主動大獻慇勤，不自覺間身邊便有一群粉絲團。

E：紫色—工作結緣

　　熱愛工作的你，由於表現不錯，而且辦事效率高，令高層十分器重你，經常派你代表公司出席不少會議。況且你為人夠海派，在這些場合中總成為眾人的焦點所在。建議你不妨多留意工作上所接觸的人，說不定某大公司總裁之子，就是你的真命天子了。

73.

如何面對牆頭草的人

假如遇到牆頭草的人，你會：

☐ A、表面上與對方笑臉相迎，實際上對對方心存戒備

☐ B、對對方以誠相待，相信自己能夠感動對方

☐ C、開門見山，一語道破，不給對方留面子

☐ D、與對方保持距離，態度不冷不熱

選A：

你是一個善於心理戰的人。面對這種頗有心機的人，你這種對應方式，表現了你是個有謀略、理性的人。其實，你不僅對這個人如此，你對其他的人，也很可能會以這種很有心機的心態來處理，只是你不自知罷了。

所以，你要小心處理你的人際關係，免得讓別人覺得你是有心機的人，而留下不好的印象。

選B：

你的敵我意識非但不強烈，反而是完全不設防。不過，由此可見，你是一個有心經營人際關係的人。你對人以誠相待，相信也有人會以誠相報，只是你必須要有心理準備，因為不是每個人都會有這種良心。你在人們心目中，應該是個有良好形象的人。

不過，還是要小心，千萬不要完全不設防，以免被敵人所陷害，搞得一輩子不能翻身。

選C：

你的性格是屬於直率型的，最受不了人家的冷嘲熱諷和迂迴戰術。因此，一旦你遇到喜歡用計謀的人，即使沒有明確的證據，你也會很衝動地揭開對方的面具。

你這種性格，通常會引來同樣不喜歡用心機的人，因此，你的人際關係將會很明顯地分成兩派。一派就是和你意氣相投的朋友，一派就是喜歡用計的敵人。

選D：

你以不變應萬變的方法，除了可以推論出你是一個拙於跟對方比賽心機的人之外，也可看出你是個不善於主動去掌握人際關係，主動去解決問題的人。你唯一的利器就是沉得住氣，不管對方如何攻堅，你深信只要不回應，對方就無法糾纏下去。

因此，你的人際關係是屬於比較封閉，這是因為你不喜歡複雜的人際關係，所以你的敵人應該不多。

74.

你適合哪一類型的工作

　　古時候，有位國王將兩條20公尺長的繩索分別交給兩個兒子，告訴他們要把繩子在地圖上圍起來的土地分給他們，但不能用圓形或三角形，只能用長方形。繩子雖然同長，弟弟圍起來的土地仍比哥哥多了10平方公尺，為什麼他會比較多呢？

　□A、哥很老實而弟弟則要了個小伎倆

　□B、不為什麼，兩兄弟按規定各自用各自的方法
　　　測量

　□C、不知道答案

　□D、A、B、C以外的答案

選A：

你是個認真的職員，尤其適合從事公司裡的協調工作。你不炫耀才能，不受人敵視，人際關係良好，也就是說你是個含蓄而善良的人。

選B：

你適合當經理或擔任業務方面的職務。你很懂得如何賺錢，也可以自己做生意，但別人都認為你是個要加以防範的人。

選C：

你對自己喜愛的工作，能集中精神全力以赴。人際關係僅限於工作上，私生活上相當孤寂，朋友較少。

選D：

你的心境常隨環境而改變，應該留意別人對你的影響。你能勝任工作，但感覺不能很好的發揮你的才能，希望能有兩個以上的工作來發揮。

75.

測測你對未來目標的期許

走在路上，你看到有鑰匙遺落在地上，你覺得是：

☐ A、一大串鑰匙。

☐ B、兩三把鑰匙。

☐ C、只有一把鑰匙。

TEST

選A：

你對未來有無限憧憬，對於生活，你認為就像一扇正要打開的窗子，有諸多可供想像的可能，但未免流於好高騖遠、眼高手低的下場，你應當按部就班去著手實現你的目標。

選B：

你眼前正面臨交岔路口，有一個以上的目標，正

彷徨著不知該先朝哪一條路邁進，建議你多聽聽前輩的寶貴看法與人生經驗，再做定奪。

選C：

你是個對未來方向十分明確的有志之士，既然決定了目標，就勇往直前，別停滯卻步！

你能成為大富翁嗎

你的新房子正在裝潢，你會在哪部分花最多的錢？

☐ A、客廳的沙發、擺設。

☐ B、臥室的床。

☐ C、浴室、廚房。

TEST

選A：

你天生有致富的命，可惜不太會把握，回想一下自己花錢的方式，別太注意「表面功夫」，要考慮收支平衡！其實你是財運不差的人，別一直偷懶，放棄可以進財的機會。

選B：

你是個高品味的人，天生上流社會的人物，或許目前你的財務狀況還談不上大富大貴，但是你總是口袋快見底時又剛好有適時的補充。你是窮不了的，只是還稱不上是大富翁。

選C：

你看起來實在不像是會成為大富翁的人，但是人不可貌相，你偏偏是最有機會成為大富翁的人。你的財運很好，做什麼工作都賺錢，連你自己都不清楚是怎麼變成大富翁的。

你擅長什麼

人在家中死亡,接到死者鄰居的報案,你馬上來到了現場,你發現有一人躺在地上,是一刀斃命的。這時,你的直覺告訴你,死者是如何死去的?

☐ A、他是不小心跌倒,插到刀子上而死的

☐ B、他是被鬼殺死的

☐ C、他是自殺的

☐ D、他被人謀殺了

選A:

一個很客觀並追求真理的人,分析和觀察是你的長處,運用邏輯推理也是你的興趣,所以,你很適合學習和研究有關抽象概念方面的學科,比如科學、數

學、哲學方面的學科。正因為你的分析能力和推演能力都很強，所以你的記憶力也不會差到哪裡去。只要你下工夫去學的話，所有的學科都會有很好的成績。

選B：

一個想像力豐富的人，而且還是天馬行空的幻想者，很有創意性，至少不會是傳統經驗的刻板反應。所以，要你去死背一些沒有想像空間的知識，是逼著你去浪費時間。像你這種有高度創意性的人，最好去學習如何創作，或是如何去欣賞藝術品，給予全新的詮釋。

選C：

一個很主觀的人，因為現場還沒有很充足的證據可以顯示是自殺的，你可能以現場沒有第二者，而下這個判斷。由此可推論出，你是一個習慣單向推理思考的人。這種單向思考夾雜著個人的主觀性，常常會讓你下錯誤判斷，因此你也是一個不善思考的人。但是你能遵循一個模式思考，很適合去理解數理方面的學科。

選D：

一個很遵守傳統經驗的人，很適合去學習不需要用腦的工作。因為你很習慣去接受別人設定好的知識和得出的經驗，不管它是對還是錯，你都會接受。因此，你在需要推理、分析方面的數理化學科，一定不好。

78.

職業性格測試

第一組

(1) 喜歡內容經常變化的活動或工作情景。

(2) 喜歡參加新穎的活動。

(3) 喜歡提出新的活動並付諸行動。

(4) 不喜歡預先對活動或工作做出明確的計劃。

(5) 討厭需要耐心、細心的工作。

(6) 能夠很適應新環境。

第一組總計次數（　　　）

第二組

(1) 注意力集中於一件事時，別的事很難使我分心。

(2) 在做事情的時，不喜歡受到出乎意料的干擾。

(3) 生活有規律，很少違反作息制度。

(4) 按照一個設好的工作模式來做事情。

(5) 能夠長時間做枯燥、單調的工作。

第二組總計次數（　　　）

第三組

(1) 喜歡按照別人的指示辦事，需要負責任。

(2) 在按別人指示做事時，自己不考慮為什麼要做些事，只是完成任務就算。

(3) 喜歡讓別人來檢查工作。

(4) 在工作上聽從指揮，不喜歡自己作出決定。

(5) 工作時喜歡別人把任務的要求講得明確詳細。

(6) 喜歡一絲不苟按計劃做事情，直到得到一個圓滿的結果。

第三組總計次數（　　　）

第四組

(1) 喜歡對自己的工作獨立作出計劃。

(2) 能處理和安排突然發生的事情。

(3) 能對將要發生的事情負起責任。

(4) 喜歡在緊急情況下果斷做出決定。

(5) 善於動腦筋，出主意，想辦法。

(6) 通常情況下對學習、活動有信心。

第四組總計次數（　　　）

第五組

(1) 喜歡與新朋友相識和一起工作。

(2) 喜歡在幾乎沒有個人祕密的場所工作。

(3) 試圖忠實於別人且與別人友好。

(4) 喜歡與人互通訊息，交流思想。

(5) 喜歡參加團體活動，努力完成所分給的任務。

第五組總計次數（　　　）

第六組

(1) 理解問題總是比別人快。

(2) 試圖使別人相信你的觀點。善於使別人按你的想法來做事情。

(3) 善於能透過談話或信來說服別人。

(4) 善於使別人按你的想法來做事情。

(5) 試圖讓一些自信心差的同學振作起來。

(6) 試圖在一場爭論中獲勝。

第六組總計次數（　　　）

第七組

(1) 你能做到臨危不懼嗎？

(2) 你能做到臨場不慌嗎？

(3) 你能做到知難而退嗎？

(4) 你能冷靜處理好突然發生的事故嗎？

(5) 遇到偶然事故可能傷及他人時，你能果斷採取措施嗎？

(6) 你是一個機智靈活，反應敏捷的人嗎？

第七組總計次數（　　　）

第八組

(1) 喜歡表達自己的觀點和感情。

(2) 做一件事情時，很少考慮它的利弊得失。

(3) 喜歡討論對一部電影或一本書的感情。

(4) 在陌生場合不感到拘謹和緊張。

(5) 相信自己的判斷，不喜歡模仿別人。

(6) 很喜歡參加學校的各種活動。

第八組總計次數（　　）

第九組

(1) 工作細心而努力，試圖將事情完成得盡善盡美。

(2) 對學習和工作抱著認真嚴謹、始終如一的態度。

(3) 喜歡花很長的時間集中於一件事情的細小問題。

(4) 善於觀察事物的細節。

(5) 無論填什麼表格態度都非常認真。

(6) 做事情力求穩妥，不做無把握的事情。

第九組總計次數（　　）

測驗結果 TEST

統計和確定你的職業性格類型：

根據每組回答「是」和總次數，填入下表：

每組回答「是」的次數相應的職業性格

第一組	變化型
第二組	重複型
第三組	服從型

第四組　獨立型
每五組　協作型
第六組　勸服型
第七組　機智型
第八組　好表現型
第九組　嚴謹型

　　選擇「是」次數越多，則相應的職業性格類型越
接近你的性格特點；選擇「不」的次數越多，則相應
性格類型越不符合你的性格特點。

A：「變化型」

　　這些人在新的和意外的活動情景中感到愉快，喜
歡經常變化工作內容的職業。他們追求多樣化的生活，
以及那些能將其注意力從一件事轉到另一件事上的工
作型態。

B：「重複型」

　　這些人喜歡連續不斷的從事同樣的工作，他們喜
歡按照一個機械的和別人安排好的計劃或進度辦事，
喜歡重複的、有規則的、有標準的職務。

C：「服從型」

這些人喜歡按別人的指示辦事。他們不願自己獨立做出決策，而喜歡對分配給對自己的工作負起責任。

D：「獨立型」

這些人喜歡計劃自己的活動和指導別人的活動，他們在獨立和負有職責的工作中感到愉快，喜歡對將要發生的事情做出決定。

E：「協作型」

這些人在與人一起工作時感到愉快，他們想要得到同事們的喜歡。

F：「勸服型」

這些人喜歡設法使別人同意他們的觀點，他們一般會透過談話或寫作來達到。他們對於別人的反應有較強的判斷力，且善於影響他人的態度、觀點和判斷。

G：「機智型」

這些人在緊張和危險的情景下能很好地執行任務，他們在危險的狀態總能自我控制和鎮定自如。他們在意外的情境中也會工作得很出色，當事情出了差錯時，

他們也不易慌亂。

H：「好表現型」

這些人喜歡能表現自己的愛好和個性的工作型態。

I：「嚴謹型」

這些人喜歡注意細節精確，他們按一套規則和步驟將工作做得完美。他們傾向於嚴格、努力的工作。以便有看到自己出色的完成的工作成果。